Interpretation geologischer Karten

Interpretation geologischer Karten

Ralf Blaschke
Günter Dittmann
Peter Neumann-Mahlkau
Irmgard Vowinckel

78 Einzelabbildungen

2., überarbeitete Auflage

Ferdinand Enke Verlag Stuttgart 1989

Professor Dr.-Ing. Peter Neumann-Mahlkau
Geologisches Landesamt Nordrhein-Westfalen
De-Greiff-Straße 195
4150 Krefeld 1

Dr. Irmgard Vowinckel
Hohe Haar 48
4300 Essen 14

Günter Dittmann
Designer grad.
Dormweg 1
3308 Königslutter

Ralf Blaschke
Designer grad.
Bartholomäusstr. 94
Wuppertal 2

CIP-Titelaufnahme der Deutschen Bibliothek

Interpretation geologischer Karten / Ralf Blaschke ... –
2., überarb. Aufl. – Stuttgart : Enke, 1989
ISBN 3-432-89042-7
NE: Blaschke, Ralf [Mitverf.]

Satz und Druck: Maisch + Queck, D-7016 Gerlingen
Filmsatz 9/10 Punkt Times, Linotype System 4

5 4 3 2 1

Vorwort

Geologische Karten sind mit ihrem Informationsgehalt für viele Disziplinen nutzbar. So dienen sie nicht nur dem Bauingenieur und Bergmann zur ersten Information über den zu erwartenden Baugrund bzw. die Lagerstättenhöffigkeit in einem bestimmten Gebiet, sondern erfreuen sich auch zunehmender Beliebtheit bei der Freizeitgestaltung interessierter Laien.

Aus vielen Kursen zur Einführung in die Interpretation geologischer Karten erfuhren die Verfasser, daß für den Anfänger bzw. den nur im Nebenfach mit der Geologie in Berührung kommenden Studenten die größten Schwierigkeiten darin liegen, eine Vorstellung über die räumliche Ausdehnung der Gesteinskörper aus der ebenen Kartendarstellung zu gewinnen.

Da normalerweise der Geologe zwar die Schwierigkeiten seiner Zuhörer erkennt, aber die visuelle Umsetzung von geologischen Tatbeständen nicht beherrscht, haben sich für dieses Buch Geologen und Designer zusammengefunden, um durch eine Darstellung geologischer Tatbestände unter dem Gesichtspunkt der visuellen Kommunikation dem Anfänger das Lesen geologischer Karten zu erleichtern.

Dieses Buch erhebt nicht den Anspruch der Vollständigkeit eines Werkes über geologische Karten, wie es für einen Studenten der Geologie erforderlich ist. Es ist gedacht als eine Einführung besonders für die, die nur am Rande von der Geologie berührt werden – wie etwa Studenten des Bauingenieurwesens, der Geographie und verwandter Disziplinen.

Die Auswahl der Beispiele ergab sich aus zahlreichen Lehrveranstaltungen, in denen immer wieder bei den gleichen Fragen die Verständnisschwierigkeiten der Studenten auftraten.

Um den Charakter eines Lehrbuches zu verstärken, sind Übungsaufgaben aufgenommen worden, die es den Studenten ermöglichen, anhand von praktischen Beispielen das Verständnis des Stoffes selbst zu kontrollieren.

Vorwort zur 2. Auflage

Seit Erscheinen der 1. Auflage haben mehrere Studentengenerationen mit Hilfe dieses Buches ihr räumliches Vorstellungsvermögen über die Lagerungsformen geologischer Körper entwickelt. In der praktischen Anwendung des Lehrbuches ist eine Reihe von Verbesserungsmöglichkeiten gefunden worden, so daß es eigentlich einer grundlegenden Überarbeitung der 1. Auflage bedurft hätte, die aber zu diesem Zeitpunkt nicht geleistet werden konnte. Notwendige Korrekturen und Verbesserungen sind jedoch vorgenommen worden. Im Interesse der Leser dieses Buches, die sich die Basisinformation über geologische Karten erarbeiten wollen, würden wir es begrüßen, wenn Kollegen und Studenten uns Anregungen für Verbesserungen der 3. Auflage zukommen ließen.

Inhalt

Folie mit Blockbild und Netzeinteilung s. 3. Umschlagseite

1. Kartographische Darstellungen

Nach *Imhof* (1950) kann man in einer allgemeingültigen Definition sagen:
„Karten sind verkleinerte, vereinfachte inhaltlich ergänzte und erläuterte Grundrißbilder der Erdoberfläche oder von Teilen derselben."

Karten können nach verschiedenen Gesichtspunkten gruppiert werden. Rein äußerlich unterscheiden wir zwischen amtlichen und privaten Karten und, je nach Umfang bzw. Anzahl, zwischen Einzelkarten und Kartenwerken (Atlanten). Neben diesen formalen Unterscheidungen sind Gruppierungen nach Kartenmaßstab, Karteninhalt, Verwendungszweck oder Entstehungsart üblich. Der Kartenmaßstab bestimmt im wesentlichen den Karteninhalt und den Verwendungszweck. Unter dem Kartenmaßstab wird allgemein das lineare Verkleinerungsverhältnis der Karte gegenüber der Natur verstanden. Bedeutet K eine bestimmte Kartenstrecke und N die ihr entsprechende Naturstrecke, so ist der Maßstab

$$M = K : N. \tag{1}$$

Teilt man N durch K, so erhält man die Maßstabszahl oder den Maßstabsfaktor m. Dann gilt:

$$M = 1 : m. \tag{2}$$

Enthält also eine Karte die Angabe: M = 1 : 25000, dann ist 25000 die Maßstabszahl bzw. der Maßstabsfaktor m. Je kleiner die Maßstabszahl, um so mehr Informationen können in eine Karte eingetragen werden. Die Umrechnung von Kartenmaßen in Naturmaße und umgekehrt kann mit Hilfe der Formeln:

$$N = m \cdot K \tag{3}$$

und

$$K = N : m \tag{4}$$

leicht durchgeführt werden. Aus den unterschiedlichen Informationsmöglichkeiten bei unterschiedlich großen Maßstabszahlen resultiert die Einteilung der Karten in geographisch konkrete Karten und geographisch abstrakte Karten.

1.1. Topographische Karten

Die Grundlage für eine geologische Karte ist eine topographische Karte, deren Maßstab sich nach dem gewünschten Genauigkeitsgrad ihrer Aussage richtet. Deshalb soll im folgenden etwas näher auf die Informationen, die eine topographische Karte liefert, eingegangen werden.

Die wahre Gestalt der Erde, die entsteht, wenn man sich die Erdoberfläche unter dem Festland fortgesetzt denkt, bezeichnet man als *Geoid*. Die dem *Geoid* entsprechende geometrische Form ist ein Ellipsoid, d. h. ein durch Umdrehung einer Ellipse um ihre kurze Achse entstandener Körper.

Da die Abplattung des *Geoids* verhältnismäßig gering ist, sei für die nachfolgenden Überlegungen als Erdform die Kugel angenommen. Legt man durch den Erdmittelpunkt senkrecht zur Drehachse der Erde eine Ebene, so schneidet diese die Erdoberfläche in einem Kreis, den man als Äquator bezeichnet und der die Erde in eine gleiche nördliche und südliche Hälfte teilt. Der Bogen vom Äquator bis zu den beiden Polen läßt sich nach Norden in +90° und nach Süden in −90° unterteilen (Abb. 1). Die durch diese Teilpunkte parallel zum Äquator in west-östlicher Richtung verlaufenden Kreise heißen *Parallel-* oder *Breitenkreise,* sie haben je 1 Grad Abstand voneinander. Der Äquator wird als Vollkreis in 360° geteilt. Die durch diese Teilpunkte in Nord–Süd-Richtung, d. h. rechtwinklig zum Äquator verlaufenden Kreise werden als *Meridian-* oder *Längenkreise* bezeichnet. Sie schneiden sich in den Erdpolen. Die Zählung der *Meridiane* erfolgt von einem bestimmten Null-Längenkreis aus, der nach internationaler Übereinkunft bei der Sternwarte von Greenwich bei London liegt, und zwar nach Osten bis +180° und nach Westen bis −180°. Aus dem Umfang der Erdkugel errechnet sich die Länge eines Grades aus dem *Meridian* oder aus dem Äquator zu

$$\frac{40000}{360} = 111 \text{ km}.$$

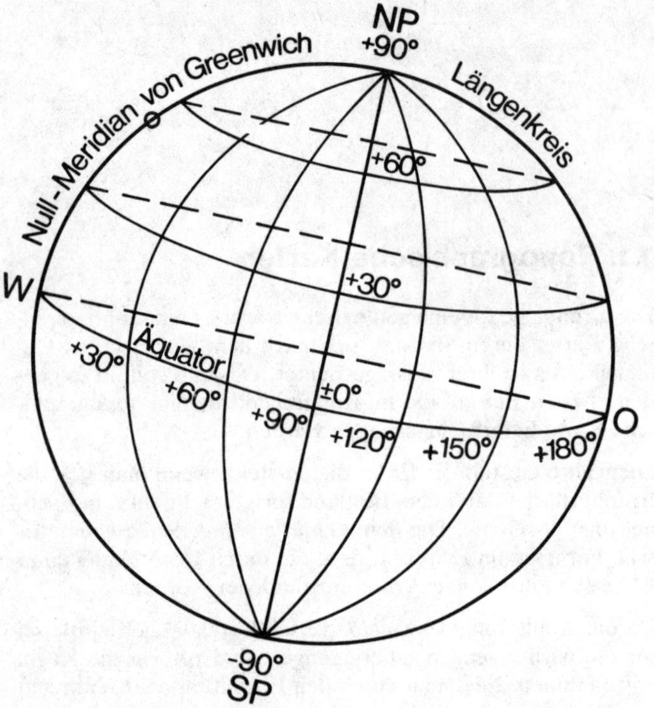

Abb. 1 Die Aufteilung des Erdkörpers in Längen- und Breitenkreise

1.2. Das Meßtischblatt 1:25000 (TK 25)

Die topographische Karte 1:25000 (4-cm-Karte) wird in Deutschland allgemein als Meßtischblatt bezeichnet. Es ist nach geographischen Netzlinien im Abstand von 10 Längen- und 6 Breitenminuten geschnitten. Jede Einzelkarte bildet eine Abbildungseinheit, deren Begrenzungsmeridiane längentreu als gerade Linien abgebildet werden und deren Begrenzungsparallelkreise als längentreu aufgetragene Kreisbogenstücke angesehen werden müssen. Statt der sehr flachen Kreisbogen werden jedoch die Sehnen als nördliche und südliche Begrenzungslinien angenommen. Jedes Kartenblatt trägt eine Nummer und den Namen des größten Ortes. Die Situation ist lagetreu und, soweit es der Maßstab erlaubt, maßgetreu gezeichnet. Die Siedlungen sind in grundrißähnlicher Einzeldarstellung mit Teilblockdarstellung wiedergegeben. Das Verkehrs- und Gewässernetz wird durch Signaturen wiedergegeben, und die Geländeformen werden durch Höhenlinien dargestellt. Der Druck der topographischen Karte 1:25000 wird in neuerer Zeit allgemein im Dreifarbendruck durchgeführt, und zwar Grundriß, Schrift, Zahlen und Felsen schwarz, Höhenlinien mit eingeschriebenen Zahlen sowie natürlicher Steilhänge braun und Gewässer, Firnhänge, Gletscher, zum größten Teil auch die dazugehörigen Namen, blau.

Amtliche topographische Karten sind mit dem Gitternetz, den Gauß-Krüger-Koordinaten (im allgemeinen als „Hoch-“ und „Rechtswerte“ bezeichnet) versehen. Die Kantenlänge des Rasterquadrats beträgt auf der TK 25 4 cm, das entspricht 1 km in der Natur. Dieses Koordinatensystem beruht auf der Einteilung der Erdoberfläche in Meridianstreifen von jeweils 3 Längengraden (Abb. 2). Als Koordinatennullpunkt ist der Schnittpunkt des Mittelmeridians eines Streifens mit dem Äquator festgelegt. Die „Hochwerte“ (H) geben die Entfernung zum Äquator an. Sie sind auf der Nordhalbkugel der Erde positiv und werden deshalb ohne Vorzeichen angegeben. Die Werte der Südhalbkugel haben ein negatives Vorzeichen.

Die „Rechtswerte“ (R) werden auf den jeweiligen Mittelmeridian des Streifens bezogen, d. h. 1. Streifen = 3° östlich Greenwich, 2. Streifen = 6° östlich Greenwich usw. Um hier das Vorzeichen nicht wechseln zu müssen, erhält der Mittelmeridian den Wert 500000 m. So liegt z. B. der Punkt mit den Koordinaten

H^{57} 06,023

R^{25} 84,816

5706,023 km nördlich des Äquators und 84,816 km östlich des 2. Meridianstreifens bzw. östlich des 6. Längengrades.

Der Punkt

H^{57} 06,023

R^{24} 05,000

dagegen liegt ebenfalls 5706,023 km nördlich des Äquators, aber 95,000 km westlich des 2. Meridianstreifens.

Zur Vereinfachung des Abgreifens ist jeder topographischen Karte ein Planzeiger beigegeben, mit dessen Hilfe sich die R- und H-Werte rasch ermitteln lassen.

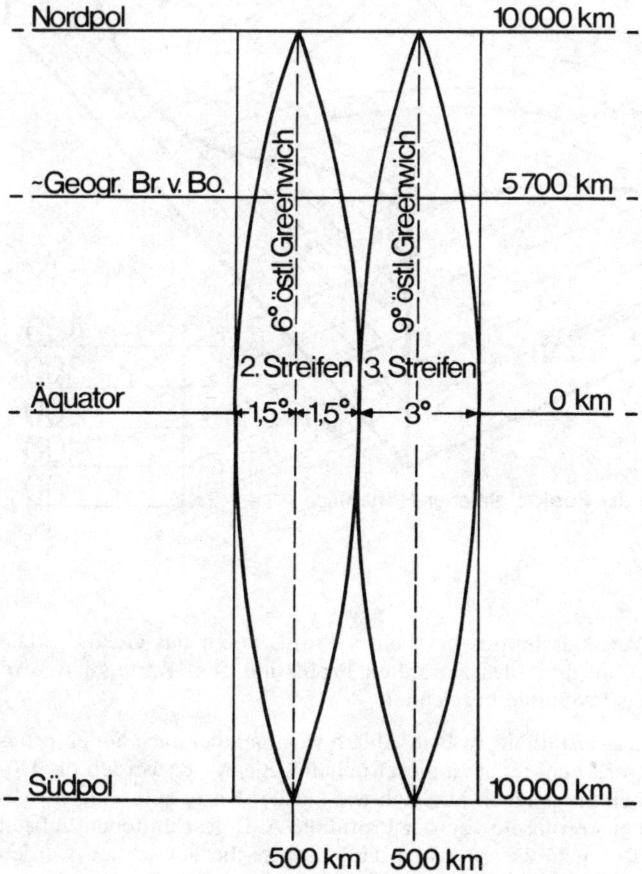

Abb. 2 Aufteilung der Erdoberfläche in Streifen nach Gauß-Krüger: 2. und 3. Meridianstreifen

1.3. Darstellung der Morphologie in einem Meßtischblatt

Die feste Landoberfläche der Erde weist Höhendifferenzen von mehr als 8000 m über dem Meeresspiegel auf. Höhenangaben in den topographischen Karten der BRD werden auf NN bezogen. NN (= Normalnull) ist die Höhe der 0-Marke des Amsterdamer Pegels.

Als Mittel für die Wiedergabe der Geländeformen in der Kartendarstellung dienen die Höhenlinien. Die Höhenlinien, auch Schichtlinien, Niveaukurven oder Isohypsen genannt, sind Kurven, die Punkte gleicher Höhe über NN miteinander verbinden. Im Blockbild in Abb. 3 ist ein Gelände dargestellt, in dem 1. die verschiedenen Höhen an der rechten Schnittkante von 0 bis 400 aufgetragen und 2. diese Höhen als Niveaulinien ins Gelände übertragen sind. Die gestrichelten Linien im Blockbild verbinden also Punkte gleicher Höhenlage. Sie sind in Abb. 4 in die horizontale Kartenebene projiziert und ergeben so die Höhenliniendarstellung eines Geländes auf einer topographischen Karte. Sie veranschaulichen 1. die Geländeverhältnisse und geben 2. dem Benutzer die Möglichkeit, die Höhenlage von Geländepunkten aus der Karte zu entnehmen. Die Höhenlinien verlaufen in jedem ihrer Punkte rechtwinklig zur Richtung des stärksten Gefälles. Je enger sie in der Darstellung aneinanderliegen, um so stärker ist das Gelände geneigt. Der lotrechte Abstand zweier benachbarter Höhenschichten heißt die Schichthöhe oder die Äquidistanz. Die Neigung der Böschungen läßt sich aus dem Meßtischblatt mit einem diesem beigegebenen Neigungsmaßstab leicht ermitteln.

Je nach Ausmaß der Geländeneigung sind die Höhenlinien in bestimmten Äquidistanzen stärker ausgezogen und mit Höhenzahlen versehen. Diese Höhenzahlen sind so aufgetragen, daß sie in Richtung des Geländeanstiegs aufrecht zu lesen sind.

Fallen bemerkenswerte Bodenformen zwischen die Höhenlinien, so müssen Hilfshöhenlinien mit geringerer Schichthöhe eingezogen werden. Künstliche Oberflächenformen wie Böschungen, Einschnitte, Gräben usw. lassen sich durch Höhenlinien nur unvollkommen darstellen. In solchen Fällen verwendet man Böschungssignaturen, die durch Zahlenangaben ergänzt werden. Ebenso sind engräumig begrenzte markante Geländeformen durch besondere graphische Zeichen gekenn-

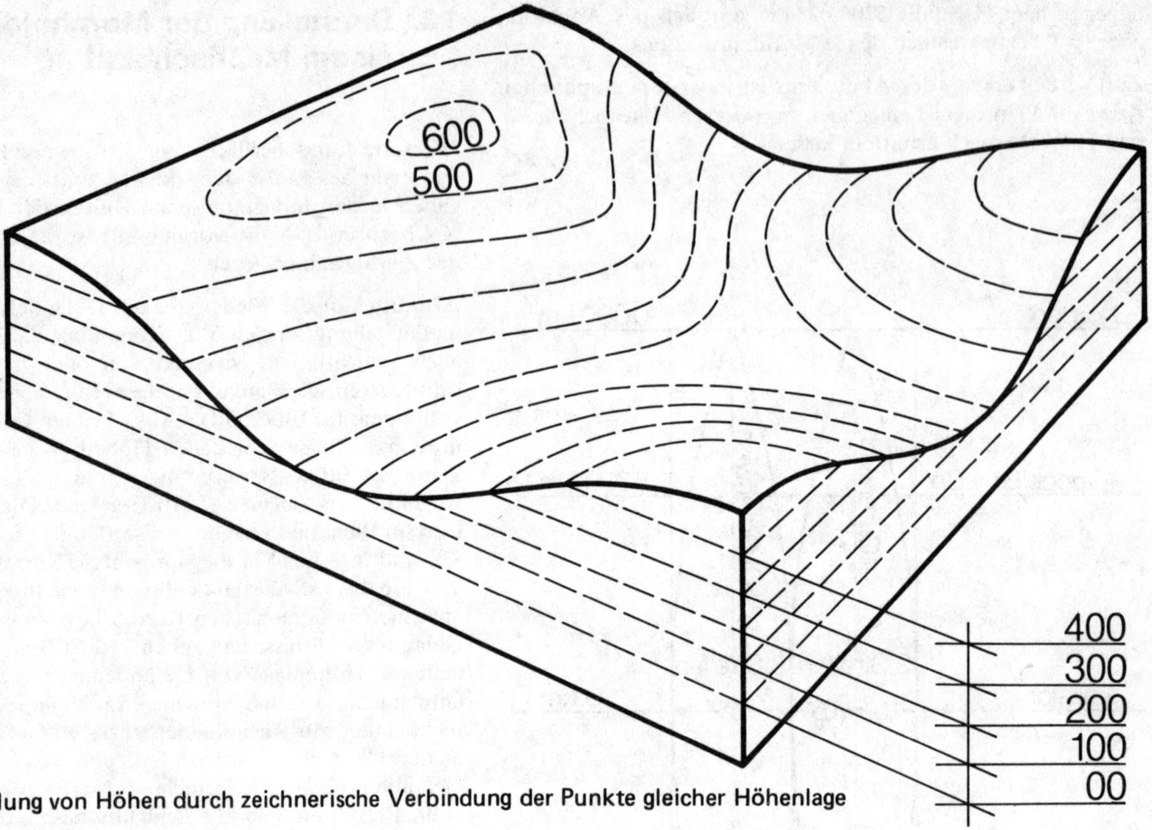

Abb. 3 Darstellung von Höhen durch zeichnerische Verbindung der Punkte gleicher Höhenlage

zeichnet (Steinbrüche, Erdfälle usw.). Für die Meßtischblätter der BRD sind die graphischen Zeichen und Signaturen genormt. Sie sind auf jedem Blatt rechts der Karte gedruckt.

1.4. Konstruktionen eines Geländeprofils aus einer topographischen Karte

Die Höhenlinien, mit deren Hilfe die morphologischen Bewegungen in einer horizontalen Ebene auf dem Kartenblatt dargestellt werden, erlauben u. a. auch die Herstellung eines Vertikalschnittes bzw. eines Profils durch das Gelände. Die Schnittlinie des gewählten Profils mit dem Kartenblatt wird als Profillinie bezeichnet.

Die Profillinie A–B in Abb. 5 wird parallel nach außen projiziert. Senkrecht zu dieser neuen Linie A′–B′ werden die Höhen im gleichen Maßstab wie auf der Karte aufgetragen, wobei sowohl die von der Profillinie A–B geschnittenen tiefsten als auch die höchsten Höhenwerte berücksichtigt werden müssen. Mit Hilfe der über A′ und B′ aufgetragenen Höhenmaßstäbe werden Niveaulinien parallel zu A′–B′ (vgl. Abb. 5) ausgezogen. Die Schnittpunkte der Linie A–B mit den Höhenlinien im Kartenblatt (Abb. 5) werden senkrecht auf die entsprechende Niveaulinie projiziert (siehe gestri-

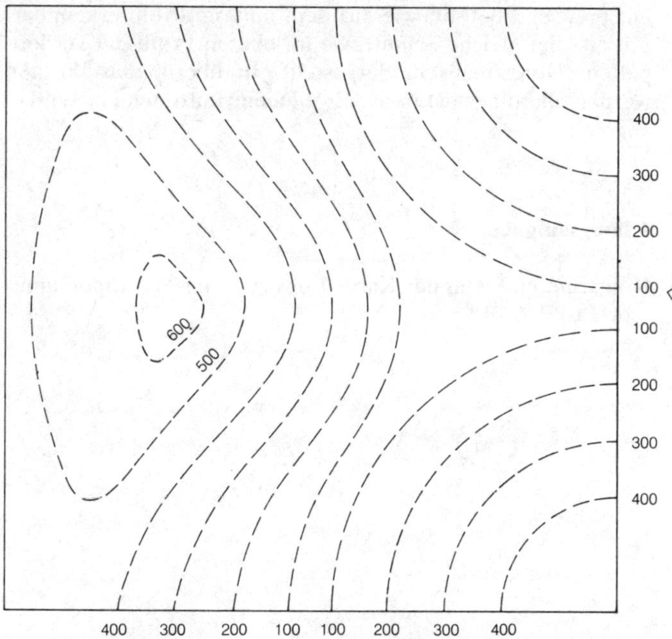

Abb. 4 Höhenlinienkarte des in Abb. 3 dargestellten Geländes

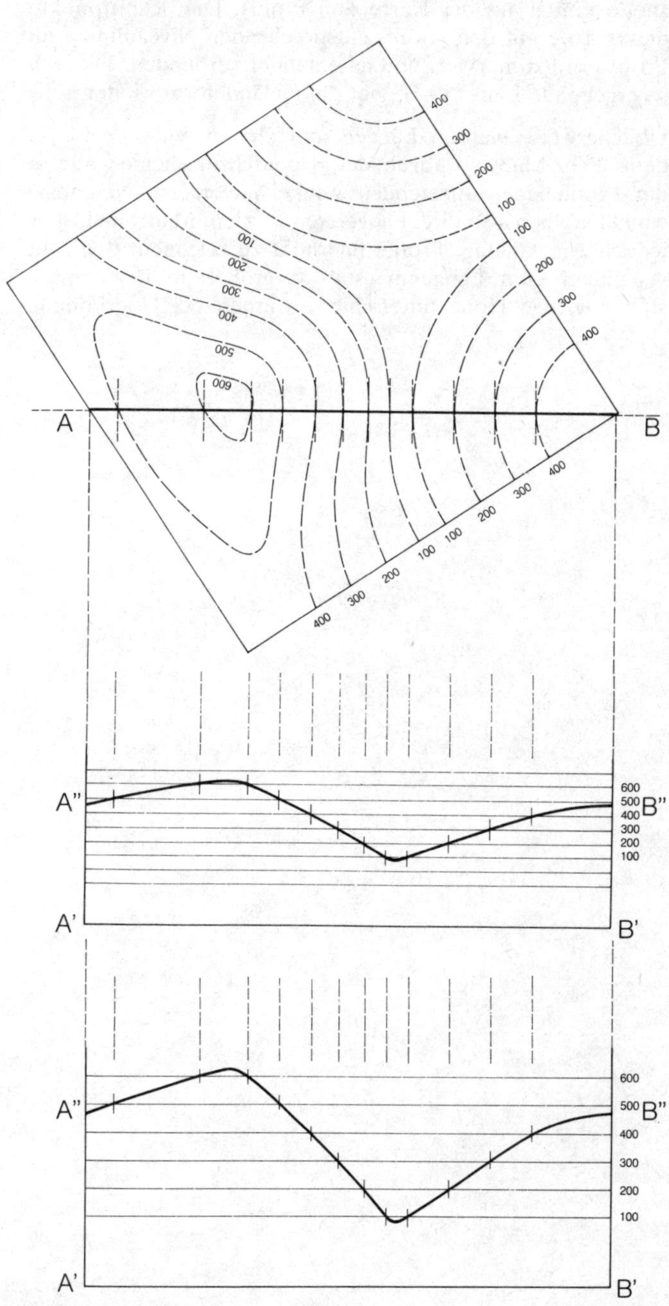

Abb. 5 Konstruktion eines Geländeprofils aus einer topographischen Karte
Die Längen- und Höhenmaßstäbe sind in der Karte und im oberen Profil gleich. Das untere Profil ist überhöht.

chelte Linien aus der Karte zum Profil). Die Schnittpunkte dieser Lote mit den jeweils entsprechenden Niveaulinien im Profil werden markiert und miteinander verbunden. Die sich so ergebende Linie A″–B″ gibt die Geländeform wieder.

Üblicherweise werden Längen und Höhen eines Profils in demselben Maßstab abgebildet. Dadurch erscheinen alle in der Profilebene auftretenden Winkel unverzerrt. Neigungswinkel können also direkt abgelesen werden. Manchmal ist es jedoch zweckmäßig, Profile überhöht zu zeichnen, d. h. mit gegenüber dem Längenmaßstab vergrößertem Höhenmaßstab. Geringe Höhenunterschiede werden bei Überhöhung entsprechend betont, wie aus dem unteren Profil erkennbar. Hier ist der gleiche Schnitt wie im oberen Profil mit verdoppeltem Höhenmaßstab dargestellt. In überhöhten Profilen werden allerdings die in der Profilebene auftretenden Winkel verzerrt.

Übungsaufgabe:

Konstruieren Sie in der Karte 1 des Anhangs das topographische Profil A–B.

2. Die Erfassung geologischer Daten und ihre Darstellung

Gegenstand geologischer Untersuchung ist die feste Erdkruste. Sie setzt sich aus Gesteinen verschiedener Art zusammen. Gesteine liefern die Daten für eine Darstellung der geologischen Verhältnisse auf der Erdoberfläche in der geologischen Karte. Diese Daten werden vom Geologen im Gelände direkt oder durch Mitnahme von Proben im Labor ermittelt und in eine topographische Karte lagegerecht eingetragen.

Wichtigste geologische Daten, die nicht nur geologisch interessant sind, sondern auch von Nachbardisziplinen benötigt werden, sind:

1. die *Gesteinsart,*
2. das *Gesteinsalter,*
3. die *Gesteinslagerung*.

Die Gesteinsart spricht man zunächst auf ihre Entstehungsweise (Genese) an. Man unterscheidet grob nach drei verschiedenen Entstehungskomplexen:

1. Die Magmatite, d. h. die Gesteine, die durch Erstarrung einer glutflüssigen Schmelze entstanden sind (Granit, Basalt).

2. Die Sedimente, d. h. Gesteine, die durch Ablagerung von aufgearbeitetem älterem Gesteinsmaterial und/oder Anhäufung von unverweslichen organischen Bestandteilen wie Riffen, Muscheln, Schnecken usw. entstanden sind (Sandstein, Kalkstein).

3. Die Metamorphite, d. h. Gesteine, die durch Umwandlung im festen Zustand unter gegenüber der Erdoberfläche veränderten Druck- und Temperaturbedingungen in der Erdkruste entstanden sind (Glimmerschiefer).

Innerhalb der drei großen Gruppen erfolgt eine weitere Unterscheidung der Gesteine nach ihrer mineralogischen Zusammensetzung. Auf Einzelheiten der petrographischen Nomenklatur (Gesteinsbezeichnung) soll hier nicht näher eingegangen werden. Hiermit befaßt sich die Petrographie.

Die Bestimmung der Gesteinsart erfolgt durch Sammeln von Gesteinsproben im Gelände, wobei entweder die Gesteinsprobe direkt an Ort und Stelle angesprochen und klassifiziert werden kann oder aber eine Probe im Labor einer genaueren Untersuchung unterzogen werden muß. Die so gewonnenen Daten für einzelne Orte an der Erdoberfläche können in eine Karte eingetragen werden. Diese Karte stellt dann die Verbreitung von Gesteinsarten dar. Solche Karten, die nur die Gesteinsart darstellen, werden auch *lithologische Karten* genannt.

Die oben beschriebenen Gesteinsarten können zu jeder erdgeschichtlichen Zeit entstanden sein bzw. auch weiterhin entstehen. Man nimmt an, daß sich der Erstarrungsvorgang einer magmatischen Schmelze im Laufe der Erdgeschichte nicht geändert hat. Aus diesem Grund ist es für den Geologen von großem Interesse festzustellen, in welcher Zeit das Gestein, das er vor sich hat, entstanden ist. Die Bestimmung des Gesteinsalters kann absolut oder relativ vorgenommen werden. Die absolute Zeitmessung, die auf der Kernzerfallszeit von radioaktiven Elementen beruht, ist erst in jüngerer Zeit in großem Maße zur Anwendung gekommen. Sie ist leider nicht bei allen Gesteinen anwendbar und mit einem hohen apparativen Aufwand verbunden. Vor der Entdeckung der radioaktiven Altersbestimmung benutzte der Geologe die relative Altersbestimmung mit Hilfe von Fossilien. Fossilien sind versteinerte Reste von Lebewesen. Aus der Entwicklungsgeschichte des Lebens ergibt sich, daß viele Lebewesen in ihrer Form und in ihren Arten jeweils für einen bestimmten Zeitabschnitt der Erdgeschichte kennzeichnend waren. Aus dieser Erkenntnis heraus wurde lange vor der absoluten Altersbestimmung eine erdgeschichtliche Zeittafel aufgestellt, die in Abb. 6 aufgeführt ist. Die Zeittafel wurde lediglich auf der Grundlage der an Fossilien zu beobachtenden Veränderungen in übereinander liegenden Sedimentgesteinen aufgestellt. Der Zweig der Geologie, der sich mit der zeitlichen Abfolge von Gesteinen befaßt, wird als *Stratigraphie* bezeichnet. Karten, die das Alter der Gesteine darstellen, werden *stratigraphische Karten* genannt.

Die dritte Gruppe von Daten ist die Art der Gesteinslagerung. Diese ist abhängig von der Gesteinsart. Magmatische Gesteine, die in der Tiefe der Erdkruste erstarrt sind, treten als Stöcke und unregelmäßig begrenzte Massen auf. Treten Schmelzen aus der Tiefe an die Erdoberfläche, so werden

Erdgeschichtliche Zeittafel

Ära	Periode	Beginn vor Millionen Jahren	Epoche	Stufe	Gebirgsbildungen
Känozoikum	Quartär			Holozän	
		1,6		Pleistozän	
	Tertiär		Neogen	Pliozän	alpidisch
				Miozän	
			Paläogen	Oligozän	
				Eozän	
		66		Paläozän	
Mesozoikum	Kreide		Obere		kimmerisch
		145	Untere		
	Jura		Malm		
			Dogger		
		208	Lias		
	Trias		Obere	Keuper	
			Mittlere	Muschelkalk	
		245	Untere	Buntsandstein	
Paläozoikum	Perm		Oberes	Zechstein	variscisch (herzynisch)
		286	Unteres	Rotliegendes	
	Karbon		Oberes (Siles)	Stefan	
				Westfal	
				Namur	
			Unteres (Dinant)	Visé	
		360		Tournai	
	Devon		Oberes	Wocklum	
				Dasberg	
				Hemberg	
				Nehden	
				Adorf	
			Mittleres	Givet	
				Eifel	
			Unteres	Ems	
				Siegen	
		408		Gedinne	
	Silur		Ludlow		kaledonisch
			Wenlock		
		440	Llandovery		
	Ordovizium		Ashgill		
			Caradoc		
			Llandeilo		
			Llanvirn		
			Arenig		
		505	Tremadoc		
	Kambrium		Oberes		
			Mittleres		
		570	Unteres		
Präkambrium	Proterozoikum	900	Oberes		baikalisch
		1600	Mittleres		
		2400	Unteres		svekokarelidisch
	Archaikum	2900	Oberes		kenoran
		3500	Mittleres		
		4200	Unteres		

Abb. 6 Erdgeschichtliche Zeittafel

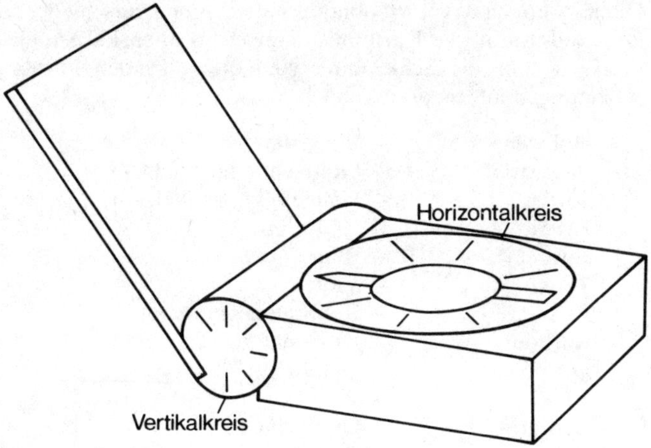

Abb. 7 Schema eines Geologenkompasses

diese Schmelzen auf bestimmten Zufuhrkanälen, Schloten oder Gängen, aus der Tiefe hervordringen. Sedimente dagegen sind überwiegend von ihrer Entstehung her Gesteine, die in Schichten (lagenweise nacheinander) abgelagert werden. Schichten sind mehr oder weniger ausgedehnte „Gesteinsplatten“, die gegeneinander durch einen Material- oder Korngrößenwechsel im Gestein abgehoben werden. Die Ausdehnung der Schichten kann einige hundert Meter, aber auch einige hundert Kilometer betragen.

Bei ihrer Entstehung horizontal lagernde Schichten können in der Erdkruste aus ihrer ursprünglichen Lage herausgebracht werden, und zwar durch bruchlose Verformung (Faltung) oder durch Zerreißen der Schichten (Bruchstörungen). Bei beiden Verformungsvorgängen werden die ursprünglich horizontal lagernden Sedimentpakete in eine geneigte, z. T. sogar vertikale oder überkippte Lage zur Erdoberfläche gebracht. In Verbindung mit dieser Beanspruchung von Gesteinskomplexen innerhalb der Erdkruste erfolgt gleichfalls eine „Zerstörung“ des ursprünglich festen Zusammenhangs. Das Gestein wird durch Klüfte in einzelne Blöcke oder durch Schieferung in einzelne Blätter zerlegt. Die Raumlage von Schichtflächen, Schieferungsflächen und Kluftflächen hat großen Einfluß auf Baumaßnahmen im Gestein. Aus diesem Grunde wird die Lage von geologischen Flächen im Gelände eingemessen. Die Messung erfolgt mit dem Geologenkompaß (Abb. 7) und wird auf die Nordrichtung bezogen. Karten, die Lagerungsverhältnisse darstellen, werden *tektonische Karten* genannt.

Die isolierte Darstellung der oben angeführten Daten in jeweils getrennten Karten erfolgt nur für Spezialzwecke. Die amtliche geologische Karte (geologische Spezialkarte 1:25000), wie sie von den geologischen Landesämtern der Bundesrepublik Deutschland herausgegeben wird, stellt eine Kombination aller drei Datenarten dar. Es werden einerseits die Gesteinsarten, andererseits das zugehörige Alter angegeben, und schließlich werden tektonische Angaben gemacht. Aus dem Gesteinsalter und den damit sich ergebenden Lagerungsverhältnissen lassen sich durch das Studium der Verschneidungsformen von geologischen Flächen und der Erdoberfläche zusätzliche Aussagen über Lagerungsformen wie auch Vorstellungen über die räumliche Ausdehnung von Gesteinskörpern gewinnen.

2.1. Geologische Karten

Grundlage für geologische Karten sind topographische Karten mit den verschiedensten Maßstäben. In die topographische Karte werden die im Gelände gewonnenen Daten eingetragen, durch Interpolation, Farbgebung, Signaturen und Symbole wird die Karte zu einem vollständigen Bild ergänzt. Die geologische Karte ist also mehr als eine Dokumentation. Außer der reinen Dokumentation von beobachteten Daten, die Rückschlüsse auf geometrische Formen erlauben, macht der Bearbeiter eine Interpretation über die Art und den Verlauf von Gesteinsgrenzen in ihm nicht zugänglichen Gebieten. Das Verhältnis von Dokumentation zu Interpretation auf einer modernen geologischen Spezialkarte ist bestimmt durch die Dichte der Aufschlüsse. In Wüstengebieten z. B. ist die Karte fast reine Dokumentation, in dicht bewaldeten Gebieten mit einzelnen Bachanrissen, einzelnen Klippen usw. überwiegend Interpretation.

Trotz dieser Einschränkungen ist die flächig angelegte Karte einer einfachen Datensammlung weit überlegen, da die Interpretation eine wissenschaftliche Auswertung des vorhandenen Datenmaterials darstellt. Der prognostische Charakter der Karten muß jedoch berücksichtigt werden, wenn sie in

Wissenschaft und Technik mit Erfolg und ohne Enttäuschung verwendet werden sollen.

Karten, auf denen die morphologische Gestalt der Erdoberfläche durch Höhenlinien dargestellt ist, vermitteln nicht nur einen grundrißähnlichen Eindruck von der Verbreitung geologischer Erscheinungen, sondern legen diese auch im Raum fest. Deshalb können geologische Karten mit entsprechender topographischer Unterlage als Ausgangsmaterial für andere geometrische Konstruktionen dienen. Geologische Übersichtskarten, die einen relativ kleinen Maßstab haben, können als Horizontalschnitte angesehen werden. Auf solchen Karten sind die Höhenunterschiede der Erdoberfläche im Verhältnis zur Flächenerstreckung sehr gering und können deshalb vernachlässigt werden. Sie vermitteln einen Überblick über großräumige geologische Situationen.

Genauere Informationen über bestimmte Teilgebiete liefert die geologische Spezialkarte 1:25000 (GK 25).

2.2. Geologische Spezialkarten

Die geologischen Spezialkarten mit dem Maßstab 1:25000 werden als amtliche geologische Karten in der Bundesrepublik von den geologischen Landesämtern herausgegeben und vertrieben (Anschriften siehe Anhang). Im allgemeinen ist der Spezialkarte ein Erläuterungsheft beigegeben, das alle wesentlichen Beobachtungen und Deutungen erläutert.

Der Name der geologischen Spezialkarte entspricht dem des zugrundeliegenden Meßtischblattes. Im Kopf jedes Kartenblattes sind Name und Nummer des Meßtischblattes vermerkt. Auf dem Kartenrand finden sich der Name des geologischen Bearbeiters und die Jahreszahl der geologischen Aufnahme. Häufig sind auf dem unteren Kartenrand Profile (Schnitte) gedruckt, die in typischen Geländeschnitten die Lagerungsverhältnisse der Schichten und Gesteine darstellen, wobei der in die Profile eingetragene tiefere Untergrund häufig nicht durch Meßwerte belegt ist, sondern eine Interpretation des Bearbeiters darstellt. Anfangs- und Endpunkte der Schnitte sind mit Großbuchstaben versehen. Der Verlauf der Schnitte durch das Gelände ist im Kartenblatt mit Hilfe von durchgezogenen Linien dargestellt, deren Enden mit den entsprechenden Großbuchstaben bezeichnet sind.

Die im Bereich des Kartenblattes auftretenden verschiedenen Gesteine sind in die Karte mit unterschiedlichen Farben eingetragen. Für die Schichtalter sind die folgenden Farbbezeichnungen international üblich:

Holozän	– Blaßgrün
Pleistozän	– Graugelb oder blaßgelb
Tertiär	– Hellgelb bis dunkelgelb
Kreide	– Gelbgrün
Jura	– Blau
Trias	– Violett
Perm	– Rehbraun, graubraun
Karbon	– Dunkelgrau
Devon	– Gelbbraun
Silur	– Blaugrün
Kambrium	– Graugrün
Präkambrium	– Rosa

Eine verbindliche Farbabstufung innerhalb der einzelnen Formationen ist für die amtlichen geologischen Karten der BRD nach der Oswald-Farbskala festgelegt. Dabei gilt generell die Regel: je jünger die Stufe, desto heller der Ton der betreffenden Farbe. Da bei kleinen Flächen die Farbtönungen nicht immer klar zu unterscheiden sind, wird die Verbreitung der Schichten und Gesteine nicht nur durch farbige Signaturen, sondern auch durch eingetragene Symbole (Buchstaben und Ziffern) gekennzeichnet.

In der Regel benutzt man für die Kennzeichnung von Magmatiten große Buchstaben (z. B. D = Diabas), für Sedimente kleine Buchstaben (z. B. so = oberer Buntsandstein, su = unterer Buntsandstein) und Kursivbuchstaben für metamorphe Gesteine (*G* = Glimmerschiefer). Durch Hinzufügen von weiteren Buchstaben sowie Zahlen und griechischen Buchstaben kann eine sehr feine Differenzierung einer Einheit erfolgen (z. B. ju α 1 = Jura, Lias-Stufe α, 1. Unterstufe).

Sämtliche im Kartenblatt auftretenden, die Gesteine kennzeichnenden Farben und Buchstaben sind in der Legende am Kartenrand aufgeführt und kurz erläutert, so daß man nach der Durchsicht der Legende davon ausgehen kann, daß alle hier aufgeführten Signaturen im Kartenblatt irgendwo erscheinen. Wichtig für die Nutzung der Karten sind die Mächtigkeitstafeln, die auf dem rechten Kartenrand in Form eines idealen Bohrprofils dargestellt sind. Sie zeigen die Schichten in ihrer durchschnittlichen Dicke, ihrer stratigraphischen Reihenfolge und in der gleichen Farbsignatur der Karte. Es läßt sich also im Vergleich der Mächtigkeitstafel bzw. der in der

Legende angeführten Gesteinsalter mit der erdgeschichtlichen Zeittafel in Abb. 6 feststellen, welcher Zeitraum von den auf dem Kartenblatt vorhandenen repräsentiert wird und ob bestimmte Altersfolgen fehlen. Fehlt innerhalb einer Zeitfolge eine Epoche oder ein Alter, so spricht man von einer Schichtlücke. Die Schichtgrenzen werden als schwache Linien dargestellt. Nachgewiesene Störungen des Schichtenverlaufs werden durch dicke, ausgezogene Linien, vermutete Störungen durch dicke, unterbrochene Linien gekennzeichnet. Durch bunte Linien werden in Bergbaugebieten wichtige, im Untergrund verborgene Schichten, z. B. Kohlenflöze, Salzoberflächen usw., zur Darstellung gebracht. Außerdem finden sich spezielle Zeichen, die Aussage über die Lagerungsverhältnisse der Gesteine machen, worauf in späteren Kapiteln noch näher eingegangen wird.

Übungsaufgabe:

Stellen Sie an einer beliebigen geologischen Karte im Vergleich von Kartenlegende und Abb. 6 fest, welchen zeitlichen Umfang die Schichtenfolge des Kartenblattes hat und wo gegebenenfalls Schichtlücken vorhanden sind.

3. Die Lage einer ebenen geologischen Fläche im Raum

Die Raumlage einer ebenen Fläche läßt sich auf zwei verschiedene Arten exakt festlegen:

1. durch drei Punkte,
2. durch zwei sich schneidende Geraden.

Die letztere Art wird im allgemeinen bei der geologischen Geländeaufnahme zur Festlegung einer Flächenlänge angewandt.

3.1. Das Streichen einer ebenen geologischen Fläche

Wird eine beliebig im Raum liegende ebene Fläche (Schichtoberseite) wie in Abb. 8 von einer horizontalen Ebene geschnitten, so entsteht eine horizontal verlaufende Gerade, welche die Schnittlinie der beliebig liegenden Fläche mit der horizontalen Ebene darstellt. Die Abweichung dieser Schnittlinie (in Abb. 8 von SW nach NO gestrichelt dargestellt) von der Nordrichtung wird als Winkel gemessen. Dieser Winkel ist die Streichrichtung.

Eine horizontal liegende geologische Fläche hat kein Streichen, da sie jeder beliebigen horizontalen Ebene parallel liegt und somit keine Schnittlinie zustande kommt.

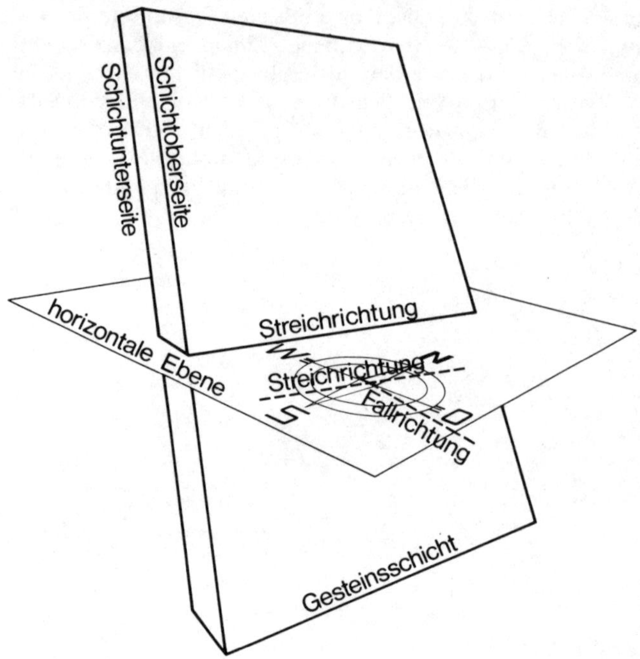

Abb. 8 Die Streichrichtung, dargestellt als Schnittlinie zwischen einer Schichtoberseite und einer horizontalen Ebene

3.2. Das Einfallen einer ebenen geologischen Fläche

Die Neigung einer Fläche gegen die Horizontale ist in der Richtung senkrecht zur Streichrichtung am größten. Die Schnittlinie, die eine rechtwinklig zum Streichen stehende vertikale Ebene in Abb. 9 mit der beliebig im Raum liegenden Fläche bildet, nennt man Fallinie. Der Winkel, den die Horizontale mit der Fallinie bildet, ist der Einfallwinkel. Die Schnittlinie, die die rechtwinklig zum Streichen stehende vertikale Ebene mit der Horizontalen bildet, gibt, bezogen auf N, die Fallrichtung an.

Die Streich- und Fallrichtung werden als Winkelmaße angegeben. Hierbei wird die Kreiseinteilung in 360° (Altgrad) ebenso wie die Kreiseinteilung in 400^g (Neugrad) verwendet.

Die vorangegangenen Erläuterungen sollen verständlich machen, daß Streichrichtung und Fallrichtung voneinander ab-

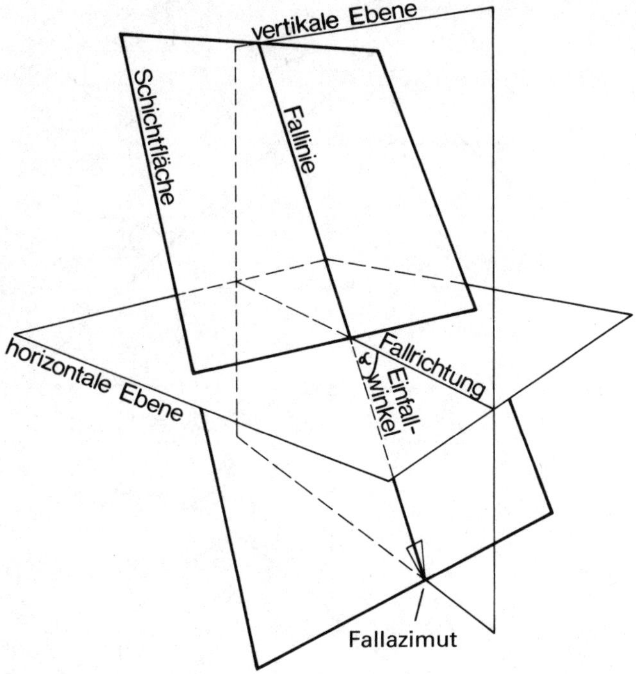

Abb. 9 Die Fallrichtung, dargestellt als Projektion der Falllinie in einer horizontalen Ebene

hängige Größen sind. Die Fallrichtung verläuft senkrecht zur Streichrichtung.

Streichrichtung +90° (100^g) = Fallrichtung
Fallrichtung −90° (100^g) = Streichrichtung.

Hieraus ergibt sich, daß für die Definition der Raumlage einer ebenen geologischen Fläche eine Richtungsangabe (Streichen oder Fallen) und der Einfallwinkel (Neigung der Fläche gegen die Horizontale) genügen. Diese Werte werden mit dem Geologenkompaß (Abb. 7) im Gelände gemessen.

In Abb. 10 wird eine beliebig im Raum liegende Gesteinsschicht von den Höhenniveaus geschnitten. Die Schnittlinien,

3.3. Bestimmen von Streichen und Einfallen aus der Karte

Höhenlinien stellen den Schnitt von horizontalen Ebenen, die in bestimmten Abständen (Schichthöhe) übereinander folgen, mit der Geländeoberfläche dar. Das Gelände wird von den horizontalen Ebenen in gleichmäßig dicke Scheiben zerlegt. Die Höhenlinien sind also die zweidimensionale Darstellung von horizontalen Ebenen, die ein bestimmtes Höhenniveau haben.

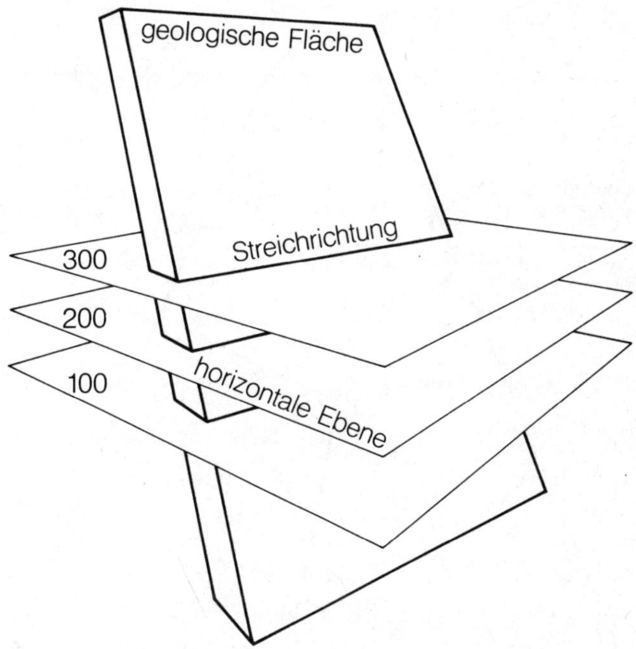

Abb. 10 Höhenschichten im Schnitt mit einer geologischen Fläche

die jedes Höhenniveau mit der Schichtoberseite bzw. Schichtunterseite (= geologische Fläche) bildet, geben jeweils die Streichrichtung der geologischen Fläche an. Sie verlaufen, sofern die geologische Fläche völlig eben ist und sich somit die Streichrichtung nicht punktuell ändert, parallel zueinander.

Bei der Verschneidung von geologischen Flächen mit der Erdoberfläche entstehen Linien, die aufgrund der Geländeunebenheiten nicht gerade, sondern gekrümmt verlaufen.

Die Beziehung zwischen den verschiedenen Schnittlinien wird an einem einfachen morphologischen Körper, der durch eine ebene geologische Fläche geschnitten wird, deutlich:

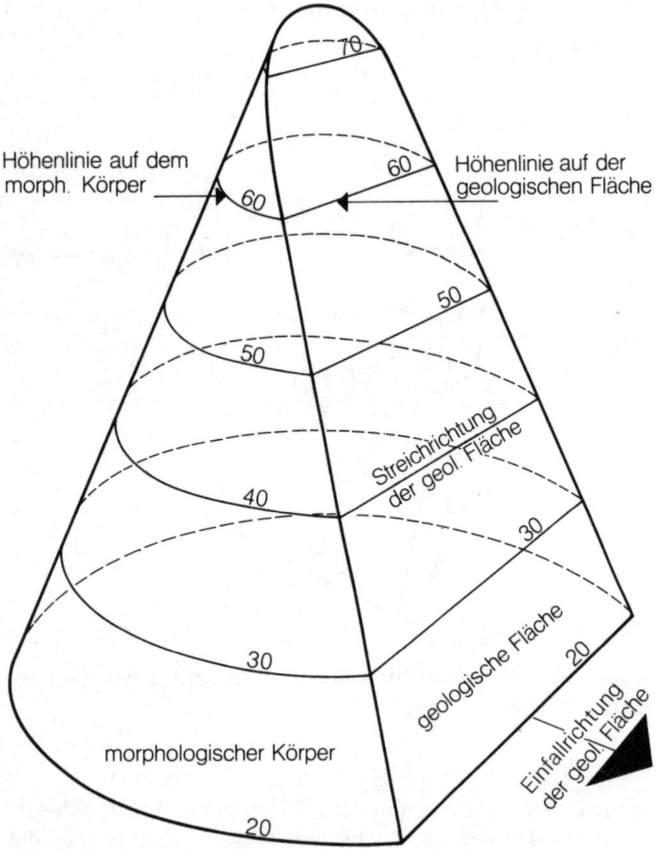

Abb. 11 Verlauf von Höhenlinien auf einem morphologischen Körper und einer diesen schneidenden geologischen Fläche

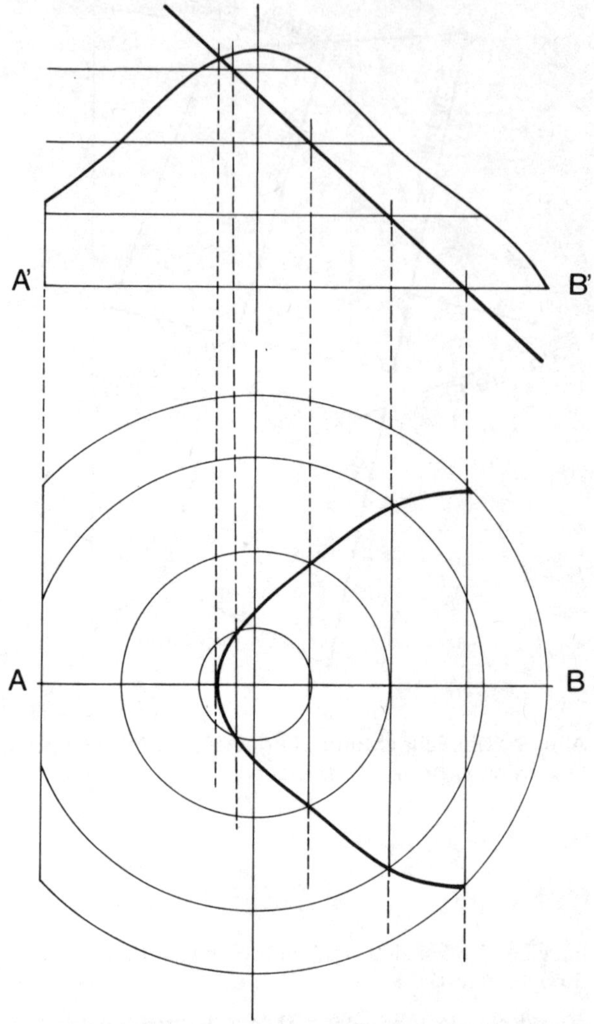

Abb. 12 Verschneidungslinie einer geologischen Fläche mit der Erdoberfläche (Ausbißlinie) in Karte und Profil

Um den Körper (in Abb. 11) herum laufen die Höhenlinien, die Schnittlinien zwischen Höhenniveau und Körper. An der Schnittkante zwischen der Körperoberfläche und der geologischen Fläche wird der geschwungene Verlauf der Höhenlinie unterbrochen. Die Höhenlinien setzen sich auf der ebenen Fläche gerade fort und ergeben so die Streichrichtung der geologischen Fläche. An der gegenüberliegenden Schnittkante nehmen sie wieder ihren geschwungenen Verlauf auf der Körperoberfläche auf.

Die Darstellung der Verschneidung eines morphologischen Körpers mit geologischen Flächen ist in Abb. 12 in der Kartenprojektion und im Schnitt A′–B′ dargestellt. Die durchgezogene Linie entspricht in etwa der Situation in Abb. 11.

Die im Profil senkrecht zur geologischen Fläche entstehenden Schnittpunkte zwischen den Höhenniveaus (horizontale Linien) und der geologischen Fläche lassen sich in die Kartendarstellung auf die entsprechenden Höhenlinien loten, da die Linien A′–B′ und A–B parallel zueinander verlaufen. Verbindet man in der Kartendarstellung die Schnittpunkte in den übereinanderliegenden Höhenniveaus miteinander, so ergibt sich der geschwungene Verlauf der Schnittlinie zwischen der geologischen Fläche und dem Gelände, wie er auch aus der perspektivischen Darstellung in Abb. 11 hervorgeht. Diese Schnittlinie wird Ausbißlinie genannt. An ihr kann die Einfallrichtung einer geologischen Fläche aus der Kartenprojektion wie folgt bestimmt werden:

Man verbindet die Schnittpunkte der Schichtgrenze mit ein und derselben Höhenlinie und erhält so die Höhenlinie auf der geologischen Fläche. Dieses wiederholt man in verschiedenen Höhenniveaus, so daß man ein Höhenlinienbild der Schichtfläche erhält. Die Neigungsrichtung der Fläche läßt sich nun, genau wie bei einer Hangneigung, feststellen, nämlich vom höheren Schichtniveau zum tieferen hin.

In Abb. 13 sind in eine Kartendarstellung die Ausbißlinien dreier verschieden geneigter geologischer Flächen eingezeichnet. Aus dem zugehörigen Profil A′–B′ ist zu erkennen, daß es sich um eine geneigte (durchgezogene Linie), eine steile (gestrichelte) und eine vertikale (strichpunktierte) Fläche handelt. Im Kartenbild erscheint eine geologische Fläche um so gerader, je steiler sie einfällt. Die Ausbißlinie einer vertikalen Fläche schließlich ist, unabhängig von der Geländeform, in der Karte eine Gerade.

In Idealfällen läßt sich mit Hilfe der Ausbißlinie und der Höhenlinien der Einfallwinkel ermitteln (Abb. 13). Der vertikale Abstand (b) der Höhenlinien beträgt in Abb. 13 100 m und der horizontale Abschnitt (a) der Parallelen, die durch die Verbindung der Schnittpunkte gleicher Höhe mit der geo-

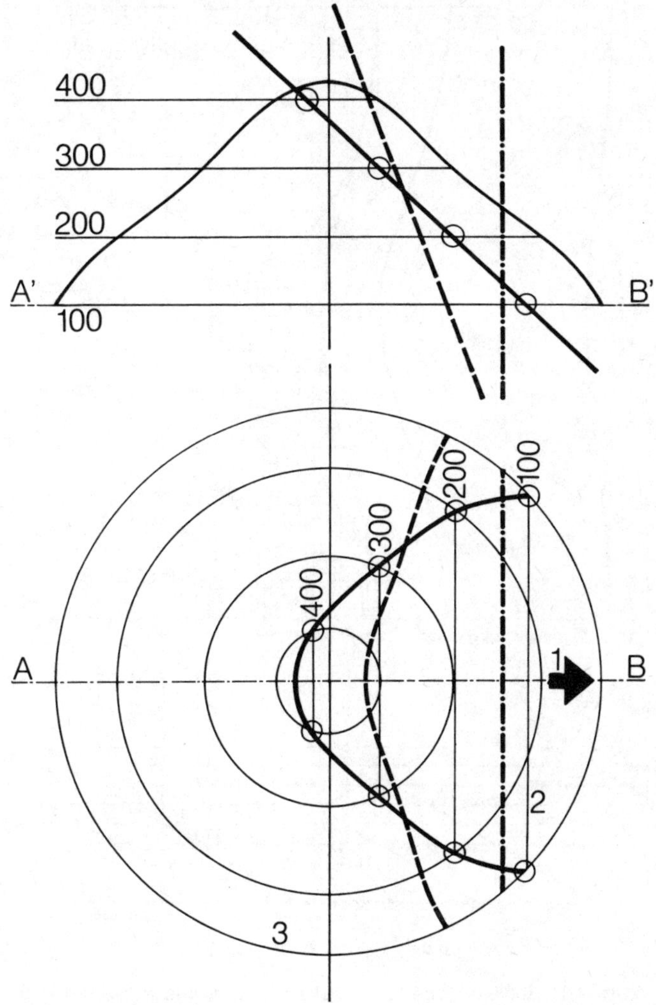

Abb. 13 Ausbißlinien von geologischen Flächen verschiedener Neigung in Karte und Profil (A′–B′). In der Kartendarstellung ergibt sich die Einfallrichtung (1) durch Konstruktion der Höhenlinien der geologischen Fläche (2) aus den Schnittpunkten zwischen Ausbißlinie und Höhenlinien.

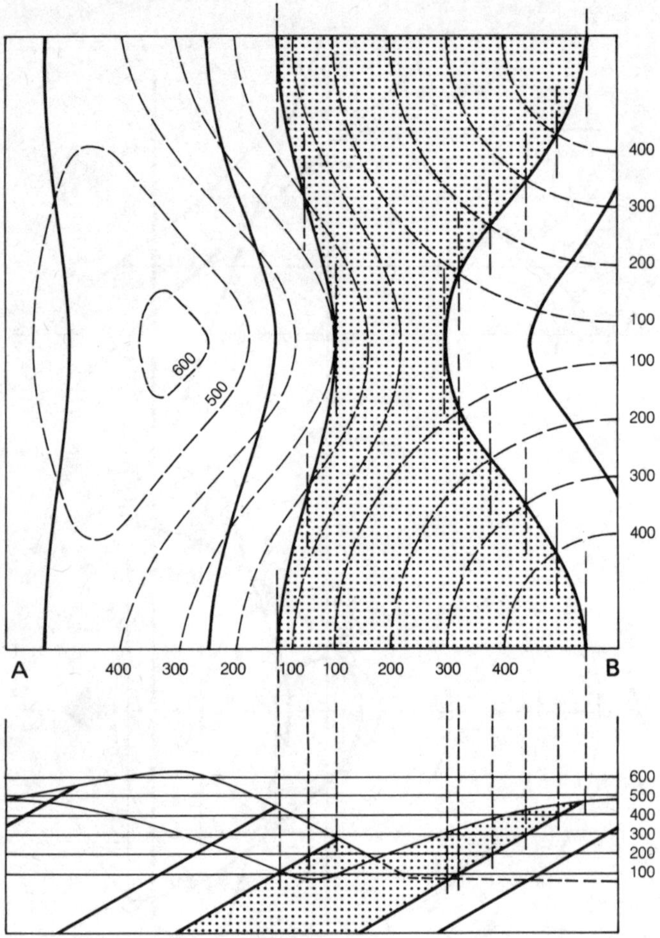

Abb. 14 Schema der Konstruktion eines geologischen Profils aus einer geologischen Karte

logischen Fläche entstanden sind, 110 m. Dieser Wert ist unter der Voraussetzung, daß Höhen- und Längenmaßstab gleich sind, direkt aus der Karte (Abb. 13) ablesbar. Den Einfallwinkel ermittelt man mit Hilfe eines rechtwinkligen Dreiecks nach der Formel:

$$\operatorname{tg} \alpha = \frac{b\ (100\ m)}{a\ (110\ m)} = 0{,}909 \qquad (5)$$

und

$$\alpha = \underline{\underline{42°}}$$

3.4. Das geologische Profil

Aus einer Karte läßt sich zwar die Lage der geologischen Körper ermitteln, doch bleibt ihr Verlauf in die Tiefe dem Vorstellungsvermögen des Betrachters überlassen. Zur Veranschaulichung des Verlaufs geologischer Körper unter der Erdoberfläche werden deshalb Profile konstruiert.

Grundlage des geologischen Profils ist das topographische Profil, das zunächst wie in Kap. 1.4. entlang der gewählten Profillinie A–B konstruiert werden muß. Danach werden wie in Abb. 14 die Schnittpunkte der geologischen Grenzen mit der Profillinie in gleicher Weise in das Profil übertragen wie die Schnittpunkte der Höhenlinien mit der Linie A–B in Kap. 1.4. Die so übertragenen Schnittpunkte der geologischen Grenzen mit der Linie A–B werden sodann mit der vorher konstruierten Geländeoberfläche im Profil zum Schnitt gebracht.

Bis zu diesem Punkt ist in Abb. 14 – wie beim topographischen Profil – lediglich geometrische Konstruktionsarbeit zu leisten, da alle notwendigen Schritte direkt aus der Kartenebene abgeleitet werden und die Erdoberfläche betreffen. Nunmehr müssen geologische Überlegungen in die Konstruktion einfließen. Es muß zunächst aus dem Kartenblatt ermittelt werden, ob die Schichten horizontal liegen oder geneigt sind. Bei horizontaler Lagerung können die Schichtgrenzen im Profil horizontal durch die Schnittpunkte zwischen Geländeoberfläche und Ausbiß gezogen werden. Aus dem senkrechten Abstand von zwei Schichtgrenzen einer Schicht ergibt sich dann die Schichtmäßigkeit, die zur Kontrolle mit der Schichtmächtigkeit im Normalprofil des Kartenblattes verglichen werden kann.

Wird aus dem Kartenblatt ermittelt, daß die Schichten geneigt sind, ist zunächst festzustellen, welche Neigungsrichtung vorliegt, d. h. welches der beiden an einer Grenze ne-

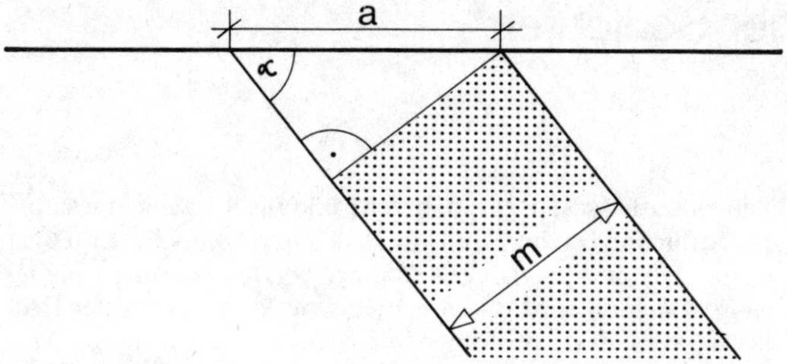

Abb. 15 Ermittlung des Einfallwinkels α aus der Mächtigkeit m einer Schicht und ihrer Ausbißbreite a an der Erdoberfläche

beneinanderliegenden Gesteine taucht unter das andere ein. Steht die Richtung des Einfallens einer Gesteinsgrenze fest, muß die Größe des Einfallwinkels für die Konstruktion bestimmt werden.

In manchen Kartenblättern sind Streich- und Einfallrichtung durch richtungsweisende Markierungen angegeben, die mit Zahlenwerten über die Größe des Einfallwinkels versehen sind. In den Kartenblättern, die geringe morphologische Schwankungen aufweisen und außerdem am Rand eine Mächtigkeitstabelle haben, läßt sich der Einfallwinkel einer Schicht aus Ausbißbreite (das ist die Breite, in welcher die Schicht an der Erdoberfläche erscheint) und Mächtigkeit (das ist der senkrechte Abstand zwischen Schichtoberseite und Schichtunterseite) ermitteln nach der Formel (s. Abb. 15):

$$\sin \alpha = \frac{m}{a} \cdot \qquad (6)$$

(In Kap. 4.4. wird dargestellt, inwiefern diese letztere Methode der Einfallwinkelbestimmung recht ungenau und in manchen Fällen nicht durchführbar ist.)

Der so ermittelte Einfallwinkel wird nunmehr unter Berücksichtigung der Einfallrichtung im Schnittpunkt von geologischer Grenze und Erdoberfläche im Profil angetragen und somit der Verlauf der Schichtgrenze in die Tiefe festgelegt.

Eine parallele Übertragung des Verlaufs einer Schichtgrenze auf andere im Profil vorhandene Grenzen ist nur in den Fällen zulässig, in denen sich die Neigung im Profil nicht ändert – anderenfalls sind für jede Schichtgrenze Einfallrichtung und -winkel gesondert zu ermitteln.

Übungsaufgabe:

Konstruieren Sie in Karte 2 des Anhangs in ein morphologisches Profil ein geologisches, unter der Voraussetzung, daß die eingezeichneten Schichtgrenzen horizontal verlaufen. Wie groß ist die Mächtigkeit der schwach gerasterten Schicht?

4. Lagerungsverhältnisse geologischer Schichten

Die Grundlage für die Interpretation einer geologischen Karte bildet in den meisten Fällen das von Steno (1669) aufgestellte „Stratigraphische Grundgesetz“:

‚Ein ungestörter geschichteter Gesteinskörper lagert in der Regel ursprünglich horizontal, d. h., die älteren Gesteine liegen unten und bilden das sogenannte Liegende, die jüngeren liegen oben, sie bilden das sogenannte Hangende.‘

Dieses Grundgesetz gilt in erster Linie für die Schichtgesteine (= Sedimentgesteine) und für manche vulkanische Ergußgesteine. Die ursprüngliche, d. h. horizontale Lagerung von Gesteinsschichten wird durch geologische Vorgänge in der Erdkruste verändert. Im folgenden werden die wichtigsten Veränderungen und ihre Lagerungsformen beschrieben und ihre Darstellung im Kartenblatt erläutert.

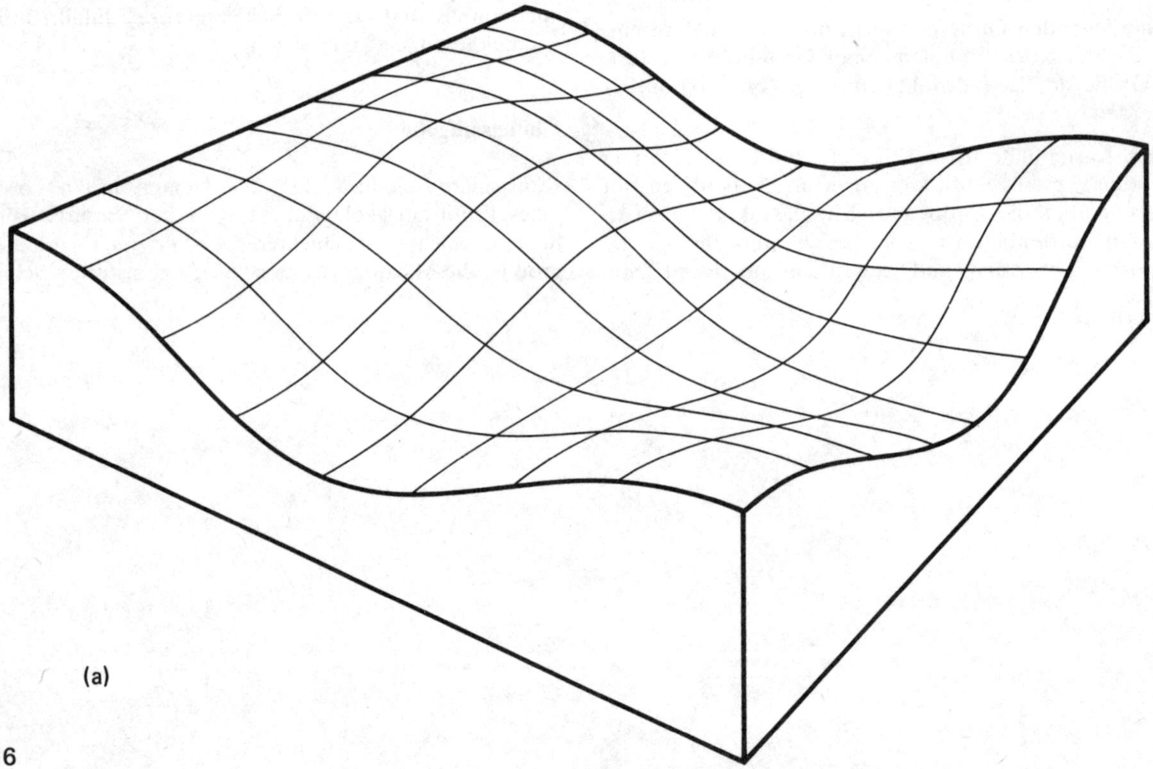

(a)

Abb. 16

Für die Abbildungen der Lagerungsformen in diesem Buch sind folgende allgemeine Aussagen zu beachten:

1. Jede beschriebene Lagerungsform ist in einer geologischen Kartenskizze dargestellt. Sie zeigt dem Betrachter das Bild, in dem er die Lagerungsform auf den geologischen Karten vorfindet. Zur Vereinfachung der Darstellung sind die geologischen Lagerungsformen in allen Abbildungen in die gleiche Geländeform (Abb. 16b) gezeichnet.

2. Zu dieser Kartenskizze sind jeweils zwei Profile konstruiert, und zwar am unteren bzw. oberen Kartenrand A′–B′ und in der Kartenmitte A–B. Sie sind jedoch nicht getrennt dargestellt, sondern ineinandergezeichnet, wie Abb. 16c

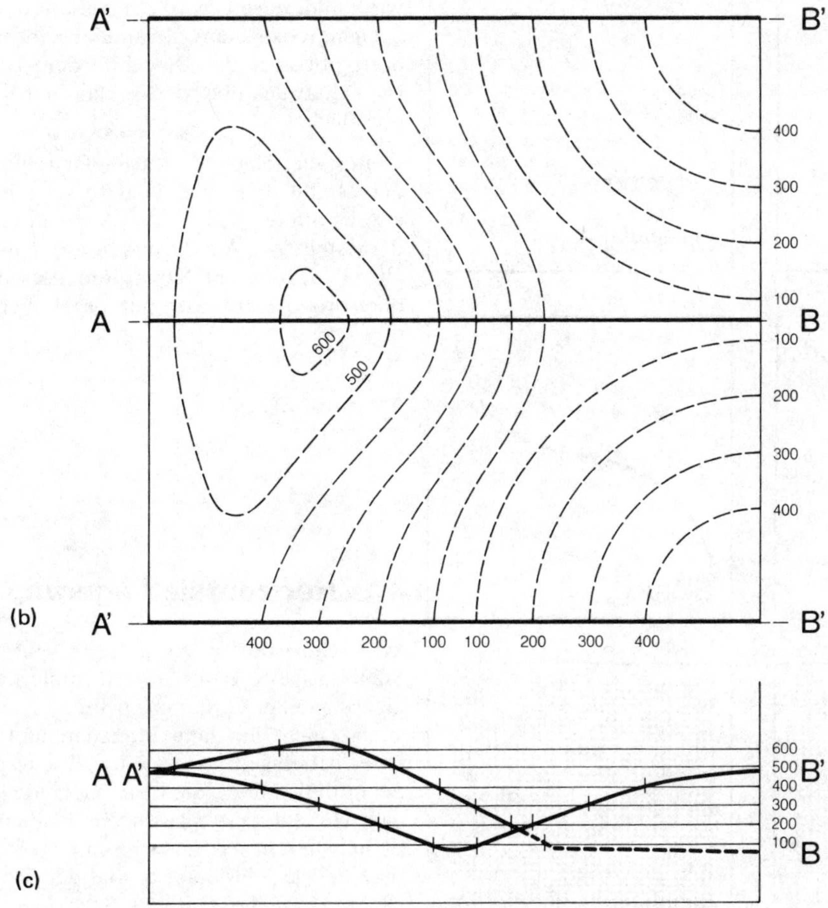

Abb. 16 Darstellung der für die folgenden geologischen Situationen benutzten Geländeform im Blockbild (a), in der Karte (b) und im Profil (c)

zeigt. Da die Schnittlinien jeweils senkrecht zum Streichen der Schichten angeordnet sind, ändert sich das geologische Profil nur insoweit, als es nach oben durch die unterschiedliche Morphologie in den Schnittlinien A′–B′ und A–B verschieden weit reicht. Diese Profile kann sich der Betrachter einer geologischen Karte an jeder beliebigen Schnittlinie nach der im Kapitel 3. beschriebenen Weise selbst konstruieren.

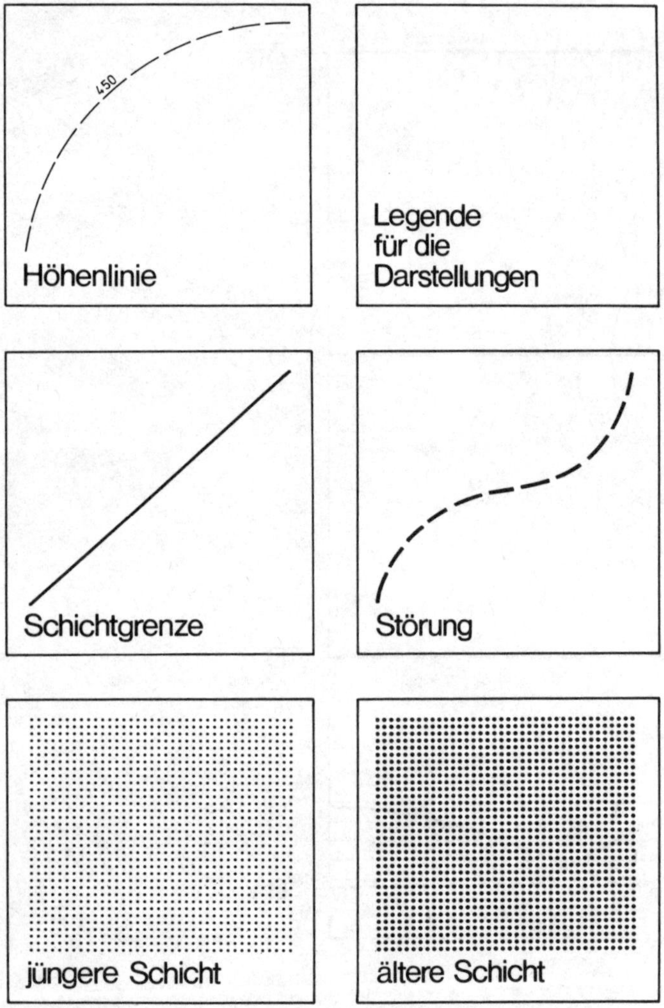

Abb. 17 Legende für die folgenden geologischen Kartendarstellungen

3. Zu jeder Kartendarstellung ist ein Blockbild hergestellt worden. Dabei blickt der Betrachter von der rechten unteren Ecke des Kartenbildes nach links oben. Im Blockbild ist einerseits die Morphologie des dargestellten Geländes plastisch erkennbar, wie es in Abb. 16a durch Gitterlinien verdeutlicht wird; andererseits wird der Verlauf der Schnittlinien zwischen Schichtgrenzen und Geländeoberflächen deutlich. Insbesondere gibt aber das Blockbild dem Betrachter einen räumlichen Eindruck über den Verlauf der Schichten unter der Erdoberfläche.

4. Für alle folgenden Kartendarstellungen gilt die in Abb. 17 dargestellte Legende. Insbesondere ist festzuhalten, daß die jeweils ältere (liegende) Schicht in einer dunkleren Tönung dargestellt ist. Aus Gründen der Anschaulichkeit sind nicht alle Schichten mit Signaturen versehen, sondern nur zwei oder drei exemplarisch hervorgehoben.

4.1. Horizontale Lagerung

Wie schon durch das „Stratigraphische Grundgesetz“ von Steno ausgesagt, ist die horizontale Lagerung die Ursprungslagerung einer Gesteinsschicht. Eine horizontal gelagerte Gesteinsschicht hat kein Streichen und kein Einfallen, da sie jeder beliebigen horizontalen Ebene parallel liegt und keine Schnittlinie bildet. Sie ist im Gelände jeweils an Punkten gleicher Höhe über NN anzutreffen, solange sie ihre Mächtigkeit beibehält. Dieser Tatsache entsprechend sind die Ausbißlinien der Schichtoberseite und der Schichtunterseite (Schichtgrenzen) an der Erdoberfläche in morphologisch bewegten Gebieten im Kartenblatt parallel zu den Höhenlinien zu verfolgen. Abbildung 18a läßt den räumlichen Verlauf der Schichten deutlich hervortreten. In der Karte (Abb. 18b) ist die Parallelität von Höhenlinien und Schichtgrenzen das eindeutige Kennzeichen für horizontale Lagerung.

4.2. Geneigte Lagerung

Durch geologische Vorgänge (Bewegungen in der Erdkruste) sind sehr häufig ursprünglich horizontal lagernde Schichten in eine andere Lagerung gekippt worden, so daß sie von einer horizontalen Ebene geschnitten werden. Diese Schichten streichen also in einer bestimmten Richtung und fallen mit einem bestimmten Winkel senkrecht zum Streichen ein.

Die Schichtgrenzen in Abb. 19b verlaufen nicht parallel zu den Höhenlinien, sondern schneiden diese unter mehr oder weniger großen Winkeln. Das Streichen und Einfallen der Schichtflächen lassen sich, wie in Kap. 3.3. erläutert, durch Verbinden der Schnittlinien gleicher Höhe mit den Schichtflächen aus dem Kartenblatt bestimmen. Die älteren Schichten fallen unter die jüngeren hin ein.

Bei sehr geringer Abweichung von der Horizontalen, d. h. bei sehr kleinen Einfallwinkeln, spricht man auch von flacher Lagerung. Hierbei kommt es häufig zur Ausbildung von Geländestufen. Die Fläche der Stufe wird dabei durch eine Schichtfläche und die Stufe selbst durch einen relativ widerstandsfähigen Schichtkopf gebildet. Bei mehrfacher Wiederholung solcher Gelände-(Schicht-)stufen spricht man von Schichtstufenlandschaft.

Das entgegengesetzte Extrem streng horizontaler oder söhliger Lagerung ist die vertikale oder saigere Lagerung. Bei ihr verlaufen die Schichtgrenzen, wie in Abb. 20 dargestellt, im Kartenblatt als Geraden. Da die Verbindung der Schnittlinien mit Punkten gleicher Höhe im Kartenbild von Abb. 20b auf dieser Geraden liegen, ist eine Bestimmung der Einfallrichtung nicht vorzunehmen, d. h. die Schichten stehen senkrecht bzw. saiger.

4.3. Überkippte Lagerung

Geht die Verkippung der Schichten über die vertikale Lagerung hinaus, so daß die ehemals obenliegenden Schichten jetzt unten und die ehemals untenliegenden Schichten oben liegen, so spricht man von überkippter Lagerung. Hier fallen die jüngeren Schichten unter die älteren Schichten ein, d. h. das Stratigraphische Grundgesetz von Steno hat hier keine Gültigkeit mehr. Solche Situationen sind üblicherweise im Kartenblatt durch gesonderte Zeichen gekennzeichnet. Hierauf wird noch in Kap. 5.3. näher eingegangen.

4.4. Zusammenhang zwischen Morphologie und Ausbißverlauf

Eine Gesteinsschicht ist als flächiger geologischer Körper anzusehen, der von einer Schichtoberfläche und einer Schichtunterfläche begrenzt wird. Für die weiteren Betrachtungen wird angenommen, daß die Mächtigkeit der Schicht im Betrachtungsbereich nicht variiert, d. h. daß Schichtoberfläche und Schichtunterfläche parallel liegen und völlig eben sind.

Stößt eine ebene geologische Fläche (Schichtoberseite oder Schichtunterseite) an die Erdoberfläche, so ergibt sich eine Schnittlinie, deren Verlauf abhängig ist von der Geländeform und dem Einfallwinkel der Fläche selbst. Hierbei kommen zwei Situationen in Frage:

1. Völlig ebenes Gelände

In einem völlig ebenen horizontalen Gelände, wie es in Abb. 21 dargestellt ist, kommt es bei horizontaler Lagerung nicht zum Schnitt von geologischen Flächen mit der Erdoberfläche. Die Flächen liegen parallel. Bei geneigter Lagerung entsteht beim Schnitt der Schichtfläche mit der horizontalen Erdoberfläche immer eine Gerade, wie aus dem Schema der Abb. 22 zu entnehmen ist. Dabei spielt der Einfallwinkel der Fläche keine Rolle, da es sich um einen Schnitt zwischen zwei Ebenen handelt. Mit Hilfe der Schnittlinien von Schichtoberfläche und Schichtunterfläche läßt sich der Einfallwinkel der Schicht nach Formel (6) bestimmen, wenn Angaben über die Mächtigkeit vorliegen (s. S. 17).

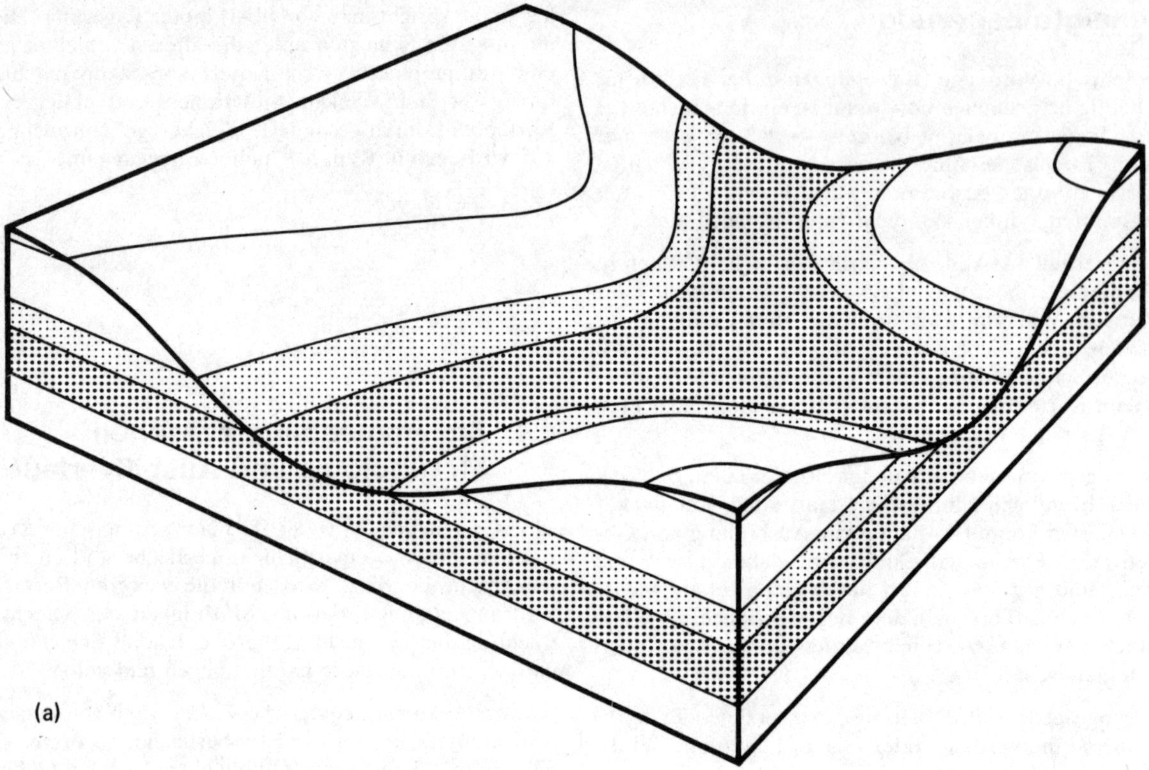

Abb. 18 Horizontale Lagerung von Schichten im Blockbild (a), in der Karte (b) und im Profil (c)

(b)

(c)

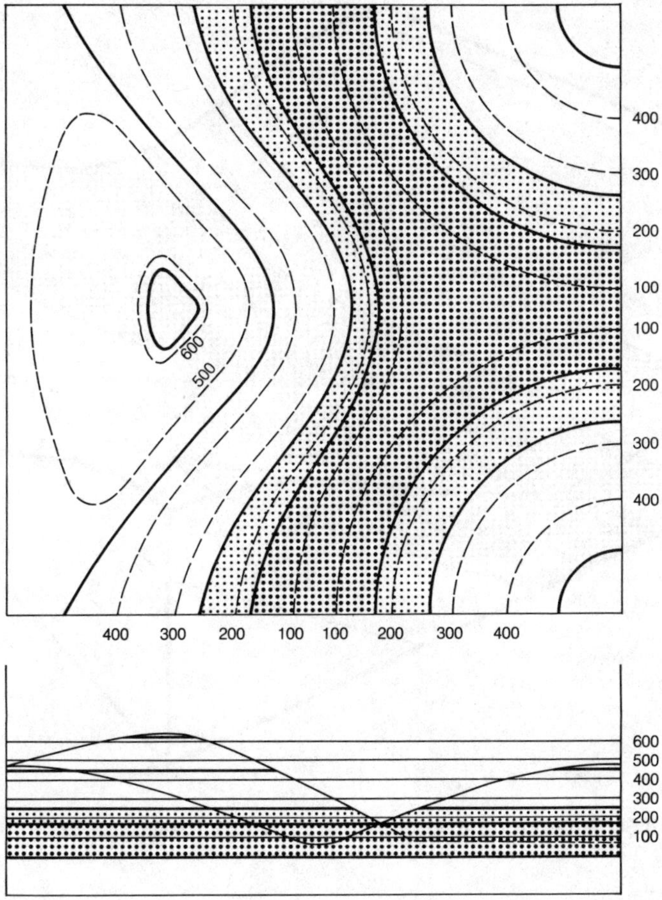
400
300
200
100
100
200
300
400
600
500
400
300
200
100
100
200
300
400
600
500
400
300
200
100

Abb. 18

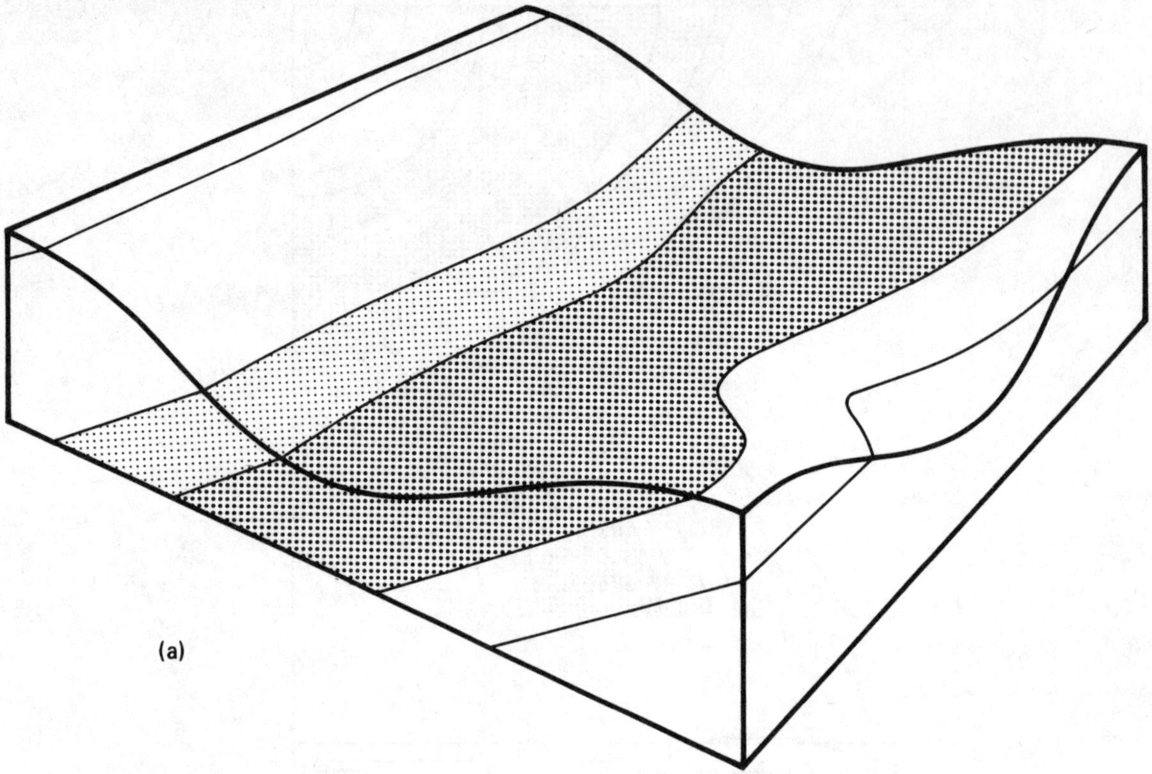

Abb. 19 Geneigte Lagerung von Schichten im Blockbild (a), in der Karte (b) und im Profil (c)

2. Morphologisch bewegtes Gelände

Im morphologisch bewegten Gelände, d. h. einer Landschaft mit Relief, stellen die Höhenlinien die Schnittlinien von horizontalen Ebenen mit dem geneigten Gelände dar. Dementsprechend ist die Lage von horizontalen Schichtflächen daran zu erkennen, daß Höhenlinien und Schichtgrenzen parallel verlaufen.

Bei geneigter Lagerung mit kleinem Einfallwinkel entstehen stark geschwungene Schnittlinien zwischen der Erdoberfläche und den geologischen Flächen. Die Höhenlinien werden von den geologischen Grenzen geschnitten. Je größer der Einfallwinkel wird, um so mehr legen diese Schnittlinien ihren geschwungenen Charakter ab und werden schließlich bei vertikaler Lagerung zu Geraden (Abb. 14, Kap. 3.3.). Die Konstruktion des Einfallwinkels der Schicht aus Ausbißbreite und

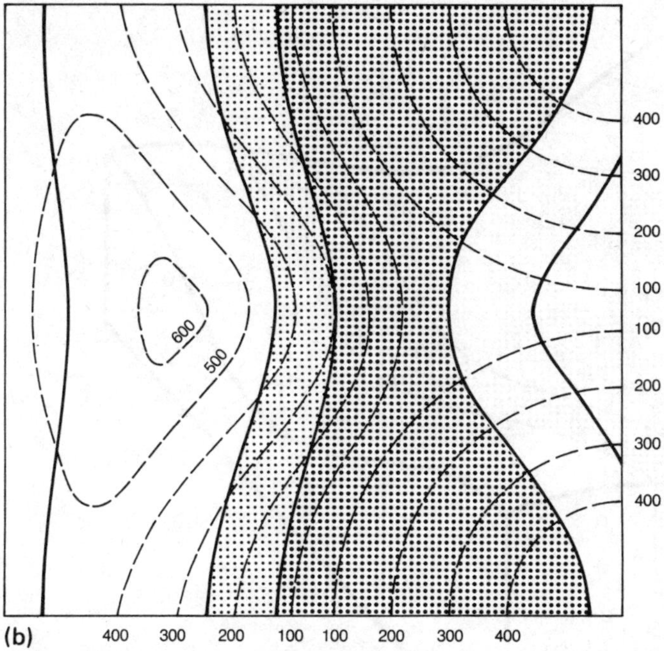

(b)

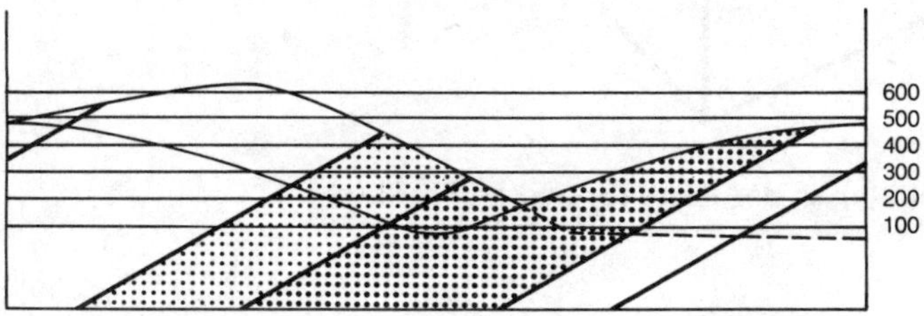

(c)

Abb. 19

Mächtigkeit ist hier nur bedingt möglich, da in morphologisch stark bewegtem Gebiet oft nicht mit hinreichender Genauigkeit der Böschungswinkel erfaßt werden kann. Abb. 23 zeigt den Zusammenhang zwischen wahrer (a) und scheinbarer (a′) Ausbißbreite an einem Hang mit dem Böschungswinkel γ. Unter der Bedingung, daß der Böschungswinkel γ klar definiert werden kann, gilt

$$\sin(\alpha - \gamma) = \frac{m}{a}\,. \qquad (7)$$

Aus einem Kartenblatt geht jedoch nie die wahre Ausbißbreite a, sondern nur die scheinbare Ausbißbreite a′ hervor. Die wahre Ausbißbreite läßt sich ermitteln nach

$$\cos\gamma = \frac{a}{a'} \qquad (8)$$

bzw.

$$a = \cos\gamma \cdot a'\,. \qquad (9)$$

Es gilt also

$$\sin(\alpha - \gamma) = \frac{m \cdot \cos\gamma}{a'}\,. \qquad (10)$$

Diese Gleichung gilt für die Fälle, in denen die Gesteinsschicht in dieselbe Richtung einfällt wie die Böschung. Fällt die Gesteinsschicht entgegengesetzt zur Böschung ein, so gilt

$$\sin(\alpha + \gamma) = \frac{m \cdot \cos\gamma}{a'}\,. \qquad (11)$$

Prinzipiell gilt:

Bei gleicher Mächtigkeit ist der Einfallwinkel einer Schicht umgekehrt proportional ihrer Ausbißbreite.

Das bedeutet, daß große flächenhafte Ausdehnung weniger Schichten auf einem Kartenblatt auf flache Lagerung der Schichten schließen läßt. Umgekehrt läßt sich aus Formel (10) und (11) ableiten, daß bei horizontaler Lagerung die Ausbißbreite in geneigtem Gelände um so kleiner wird, je größer der Böschungswinkel ist. Abb. 24 veranschaulicht dies an der gleichen Schicht, die von verschieden steilen Hängen geschnitten wird.

Übungsaufgabe:

Bestimmen Sie in Karte 3 des Anhangs die Einfallrichtung und näherungsweise den Einfallwinkel der Schicht im Bereich der Koordinaten

R 16000
H 62000

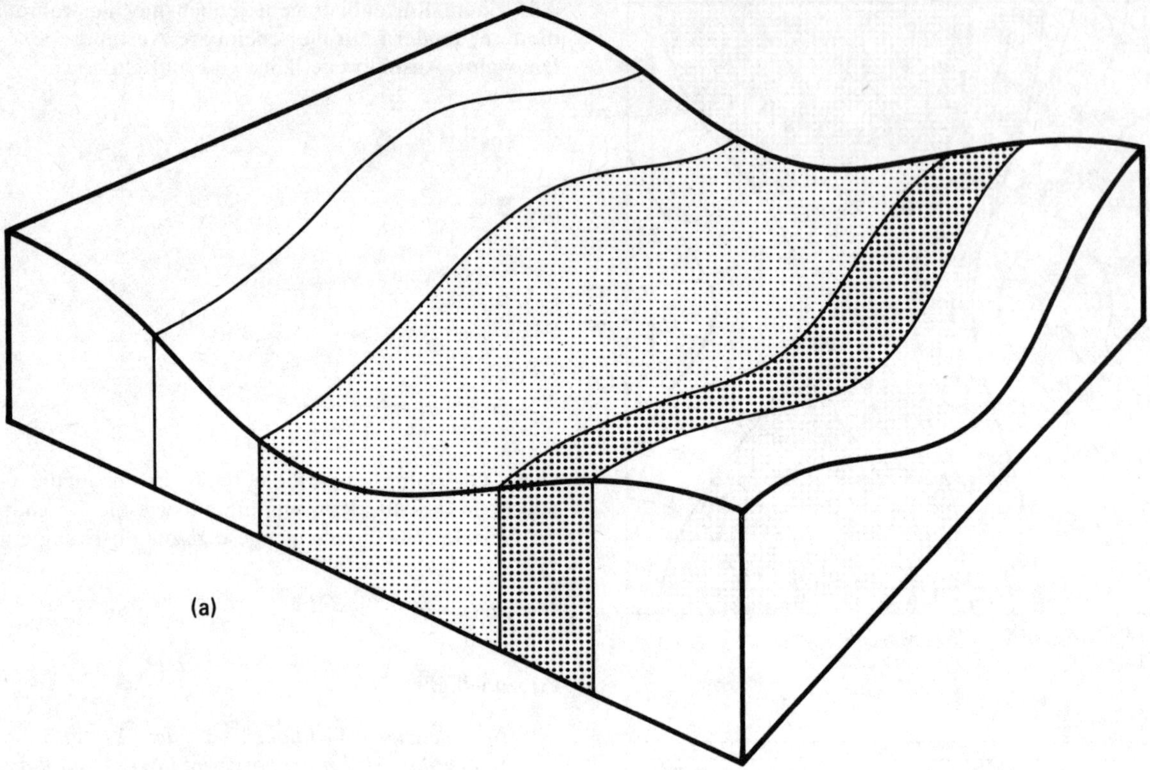

Abb. 20 Vertikale (steile) Lagerung von Schichten im Blockbild (a), in der Karte (b) und im Profil (c)

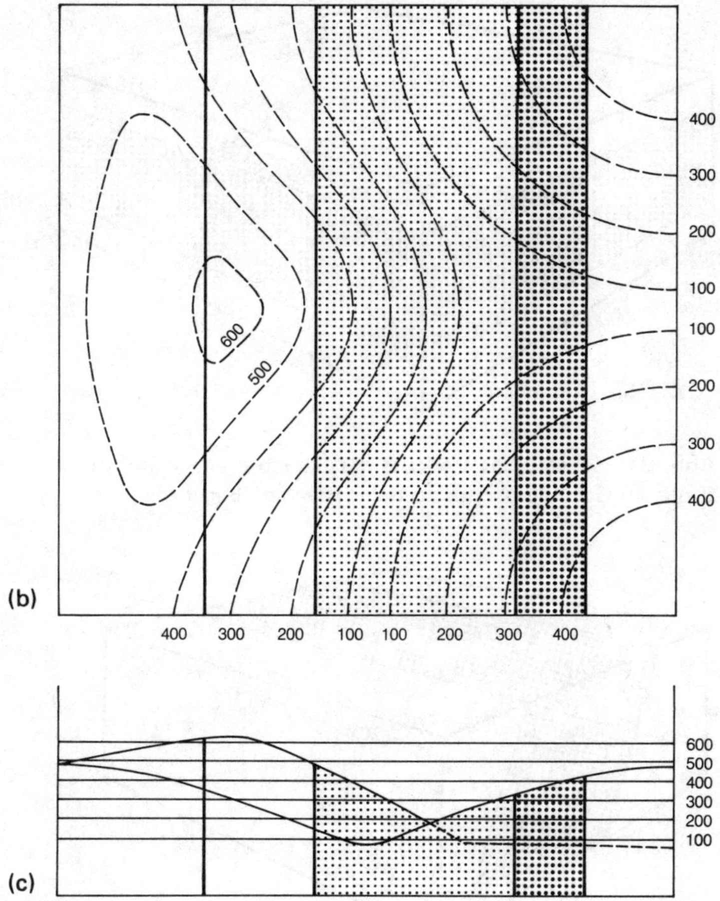

(b)
600
500
400
300
200
100
100
200
300
400
400 300 200 100 100 200 300 400
(c)
600
500
400
300
200
100

Abb. 20

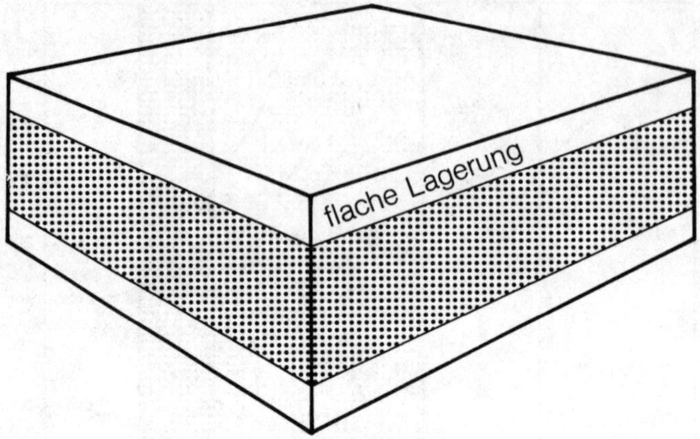

Abb. 21 Schema des Verlaufs der Schichtgrenzen in horizontalem Gelände bei horizontaler (flacher) Lagerung

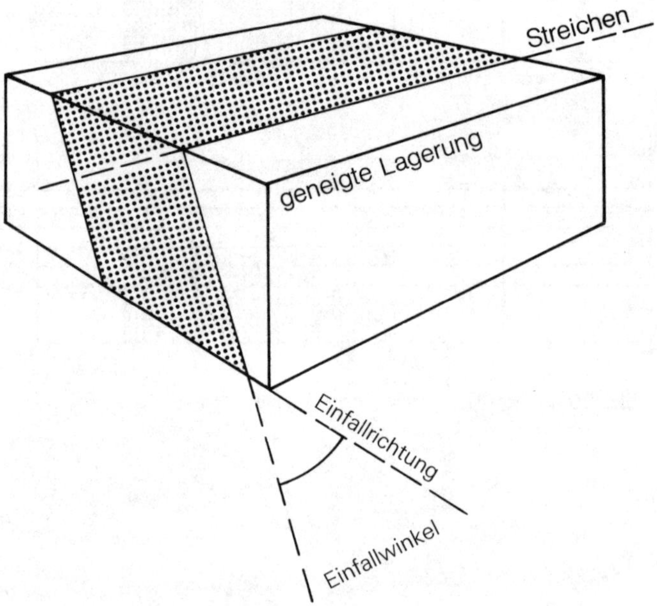

Abb. 22 Schema des Verlaufs der Schichtgrenzen in horizontalem Gelände bei geneigter Lagerung

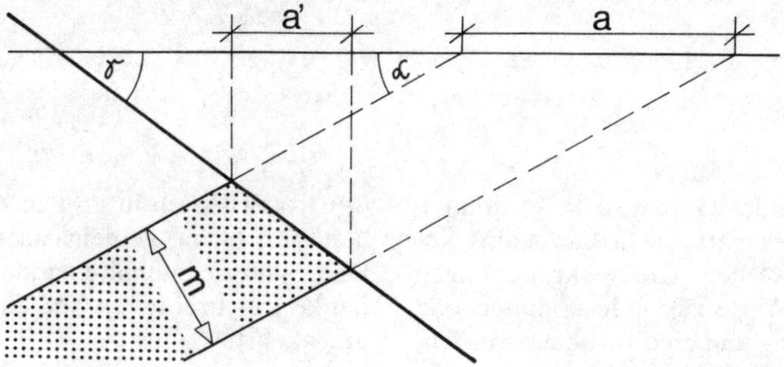

Abb. 23 Die Beziehung zwischen scheinbarer und wahrer Ausbißbreite an steilen Hängen

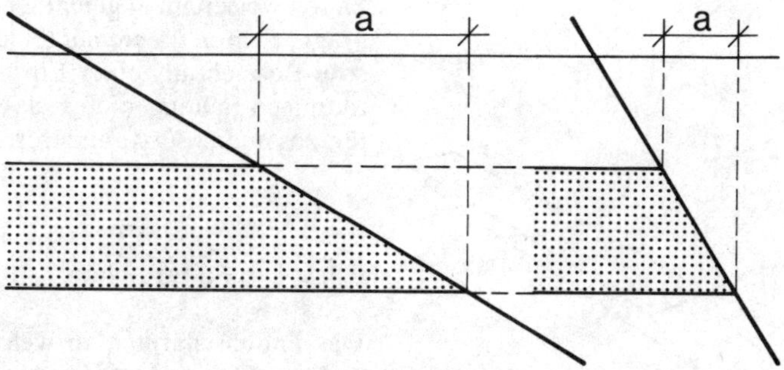

Abb. 24 Ausbißbreite (a) bei flacher Lagerung und verschiedener Hangneigung (Profil)

5. Faltentektonik

Ursprünglich horizontal lagernde Gesteinspakete können durch seitlich angreifende Druckkräfte nicht nur schräg gestellt, sondern auch verbogen werden. Die Verkrümmungen von Gesteinen, die auf diese Weise zustande kommen und somit eine horizontale Einengung und eine vertikale Ausdehnung zur Folge haben, werden als Falten (Abb. 25) bezeichnet. Falten kommen in allen Größen vor, von Millimeter- bis zu Kilometerausmaßen.

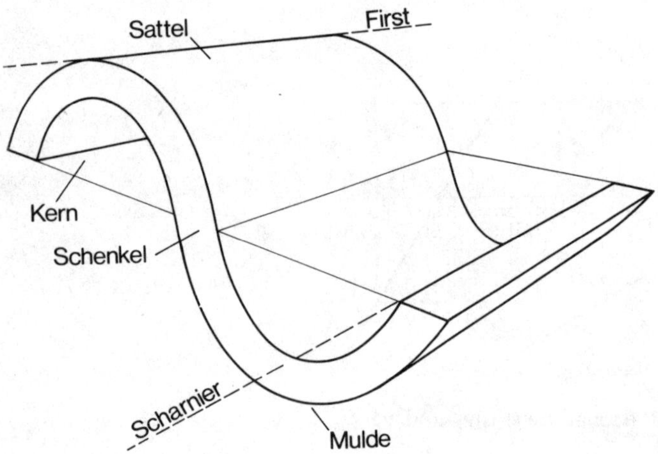

Abb. 25 Schema einer Falte

Eine Falte besteht aus einem Sattel und aus einer Mulde. Ein Sattel (Abb. 25) ist ein nach oben gekrümmtes Gesteinspaket. Es besteht aus zwei nach oben zusammenlaufenden bzw. ineinanderübergehenden Flanken, die auch als Flügel oder Schenkel bezeichnet werden. Die Schenkel sind voneinander weg nach außen geneigt. Eine Mulde ist nach unten gekrümmt. Hier laufen die Schenkel nach unten aufeinander zu.

Oft treten Falten in großer Zahl nebeneinander auf und gehen auf einen gemeinsamen Entstehungsvorgang zurück. Dann sind sie eng miteinander verbunden, so daß eine Sattelflanke gleichzeitig ein Teil einer benachbarten Mulde ist und umgekehrt.

5.1. Symmetrie der Falten

Falten weisen im allgemeinen mehr oder weniger stark ausgeprägte Symmetrieelemente auf (Abb. 26), die eine systematische Betrachtung einer Einzelfalte einerseits und eines großräumigen Faltengebietes, das sich aus einer Vielzahl von Falten zusammensetzt, andererseits zuläßt.

5.1.1. Die Faltenachse

Das Faltenscharnier, in welchem die Faltenschenkel aufeinandertreffen und ineinanderübergehen, liegt meistens in der Zone der stärksten Verkrümmung. Diese den Übergang von dem einen Schenkel zum anderen vorzeichnende Linie wird Faltenachse genannt und gilt als ein Symmetrieelement (Symmetrieachse) der Falte.

5.1.2. Die Faltenachsenebene

Eine Falte läßt sich nur dann als eine solche erkennen, wenn die gefalteten Gesteine eine Schichtung erkennen lassen. Der Verlauf der Schichtgrenzen zeichnet die tektonische Bewegung nach.

Der Verlauf der Faltenachse läßt sich nicht nur am Scharnier der äußersten (Sattel Abb. 26a) bzw. innersten (Mulde

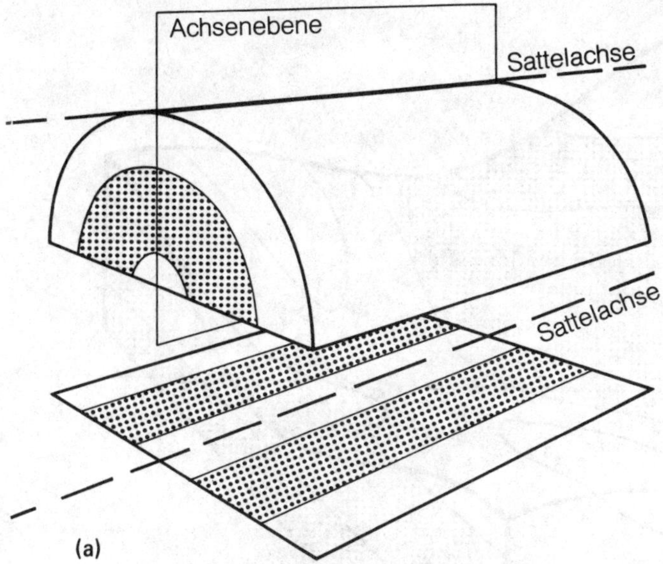

(a)

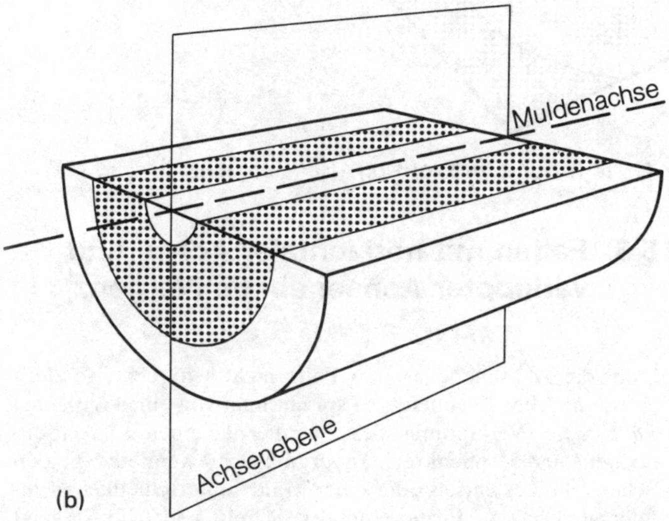

(b)

Abb. 26 Symmetrieelemente eines Sattels (a) und einer Mulde (b)

Abb. 26b) Schicht ablesen, sondern an der Übergangszone der Schenkel jeder einzelnen die Falte aufbauenden Schicht. Bei einfach und unkompliziert gefalteten Schichtpaketen erscheinen somit die Faltenachsen der Schichten als Parallelen. Legt man sämtliche Faltenachsen in eine Ebene, so ergibt sich ein weiteres wichtiges Symmetrieelement, die Faltenachsenebene (Symmetrieebene), d. h., die Achsenebene schneidet sämtliche Scheitel aller mitgefalteten Schichten im Faltenkern. Bei komplizierten Falten ist die Faltenachse häufig mehr oder weniger stark gekrümmt.

5.2. Falten mit horizontaler Achse und vertikaler Achsenebene

Falten mit horizontaler Faltenachse und vertikaler Achsenebene stellen den Idealfall der Faltensymmetrie dar. Die Achsenebene teilt die Falten in zwei gleiche Hälften, die Faltenschenkel sind auf beiden Seiten der Achsenebene auf die gleiche Weise gekrümmt.

In völlig ebenem, horizontalem Gelände, wie es durch den Horizontalschnitt des Sattels bzw. der Mulde in Abb. 26 schematisch dargestellt wird, verlaufen die ausstreichenden Schenkel einer angeschnittenen Falte parallel. Die horizontal verlaufende Faltenachse zieht sich als Symmetrieachse durch den Faltenkern. Auf beiden Seiten der Faltenachse treten die einzelnen, die Falte aufbauenden Schichten mit gleicher Ausbißbreite auf. Im Kern einer Mulde (Abb. 26b) finden sich die jüngsten Schichten, die von älteren nach außen hin flankiert werden, um jeweils in die ältesten Serien der benachbarten Sättel überzugehen. Die Schichtgrenzen verlaufen parallel zueinander, die Symmetrieachsen (= Faltenachsen) verlaufen parallel zu den Schichtgrenzen. Jede einzelne Schichtgrenze und die Faltenachse zeigen die Streichrichtung der Falten an. Die Einfallrichtung der Schichten ergibt sich aus dem Grundgesetz von Steno, wonach jeweils die älteren Schichten unter die jüngeren einfallen; d. h.:

Bei horizontalem Gelände und normaler Lagerung (nicht überkippt) fallen geneigte Schichten stets in Richtung auf die jüngeren Schichten ein.

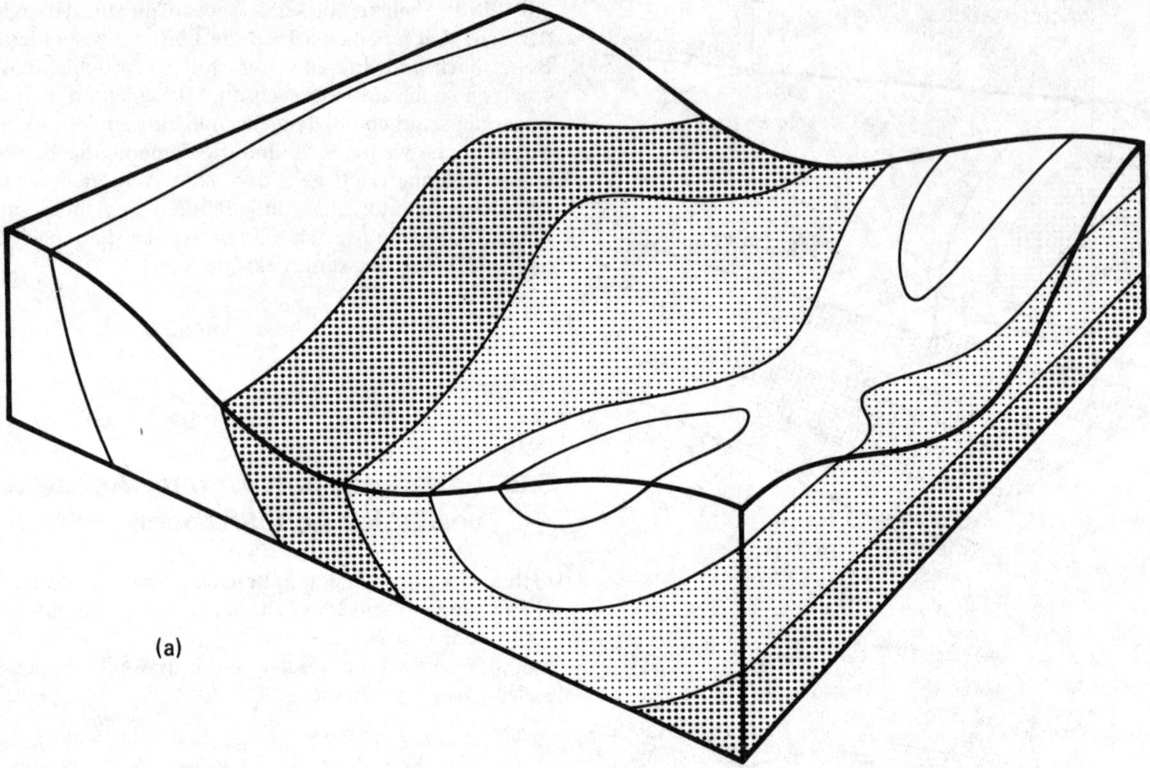

Abb. 27 Das Ausbißbild einer Mulde im Blockbild (a), in der Karte (b) und im Profil (c) (Reliefumkehr)

In morphologisch bewegtem Gelände, wie es in Abb. 26 vorliegt, passen sich die ausstreichenden Schichten der Oberfläche an, und zwar, wie schon in Kap. 4.4. dargestellt, die stark geneigten Flanken schwächer, die schwach geneigten Flanken stärker, so daß die symmetrischen Verhältnisse nicht so deutlich zu erkennen sind wie in einem sich horizontal ausdehnenden Gelände.

Die Einfallrichtung der Schichten kann in Abb. 27 auf zweierlei Weise ermittelt werden:

1. Die älteren Schichten fallen unter die jüngeren ein (normale Lagerung vorausgesetzt).

2. Die Schnittpunkte zwischen Höhenlinie und Ausbißlinie in Abb. 27b erlauben die Konstruktion der Einfallrichtung wie in Kap. 3.3. beschrieben.

5.3. Falten mit horizontaler Achse und verkippter Achsenebene (Vergenz)

Steht die Achsenebene einer Falte nicht senkrecht, sondern ist wie in Abb. 28 geneigt, so spricht man von einer *vergenten Falte*. Die Verkippung des Symmetrieelements „Achsenebene“ aus der Senkrechten ergibt sich, wenn die beiden Schenkel eines Sattels oder einer Mulde unterschiedliche Einfallwinkel haben. Im horizontalen Schnitt von Abb. 28 zeigt sich die Vergenz durch unterschiedliche Ausbißbreiten der die Falte aufbauenden Schichten. Die steilere Flanke läßt die Schicht in geringerer Breite zutage treten, die flachere in größerer Breite. Mit Hilfe der unterschiedlichen Ausbißbreiten ist die Vergenz (= die Richtung, in welche die Achsenebene

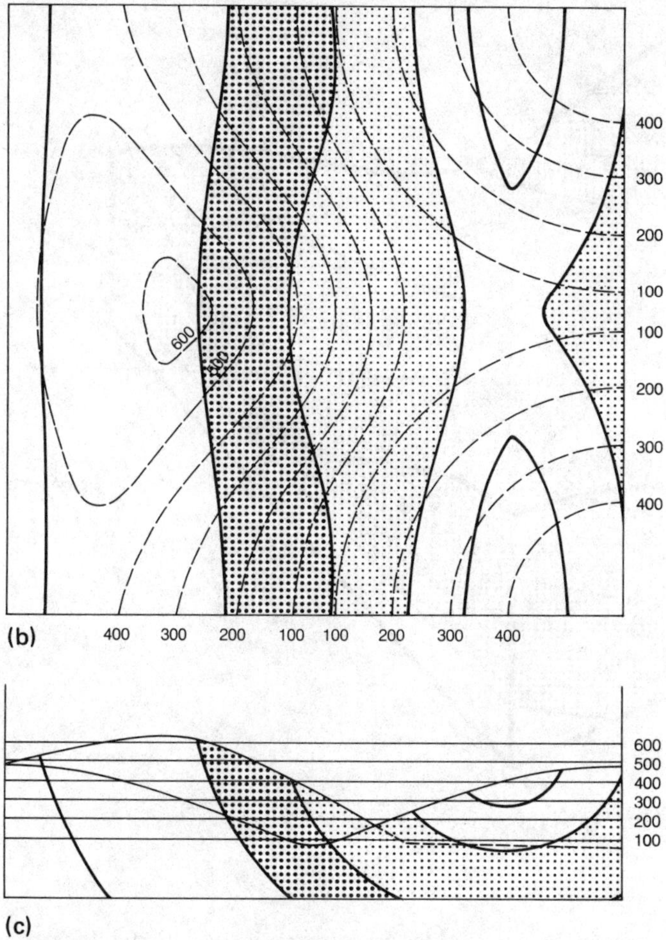

Abb. 27

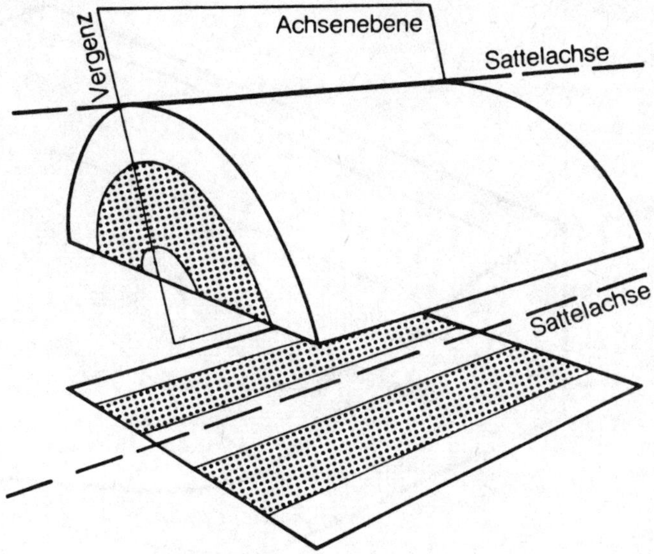

Abb. 28 Schema einer vergenten Falte

aus der Vertikalen heraus verkippt wurde) der Falte bestimmbar. Hierzu wird zuerst ermittelt, ob es sich bei der betreffenden Falte um einen Sattel (ältestes Gestein im Faltenkern) oder um eine Mulde (jüngstes Gestein im Faltenkern) handelt. Im Falle eines Sattels liegt die Vergenz in Richtung des schmäleren Ausbisses, im Falle einer Mulde in Richtung des breiteren Ausbisses vor.

Im Gelände, wie es in Abb. 29 dargestellt ist, kann durch die Geländeform die unterschiedliche Ausbißbreite der Faltenschenkel gelegentlich überdeckt werden. Hier wird dann der Verlauf der Schichtgrenzen in Bezug zu den Höhenlinien heranzuziehen sein. In Abb. 29b verläuft die Schichtgrenze in der Kartenmitte genau geradlinig, während die Grenzen zwischen den gleichen Schichten (schwach punktiert gegen weiß) östlich und westlich davon sich der Morphologie anpassen. Im Vergleich mit Abb. 13 ergibt sich, daß die geradlinige Schichtgrenze steil und die geschwungene flacher einfällt.

Bei gekippten Falten gilt das Gesetz von Steno (ältere Schichten fallen unter die jüngeren ein) so lange, wie die Schichten in ihrer normalen Ablagerungsfolge übereinander liegen. Geht die Verkippung so weit, daß die ursprünglich unten liegenden Schichten nach dem Faltungsvorgang oben liegen, also die Ablagerungsfolge in die umgekehrte Lage gebracht wurde, so nennt man die Falte überkippt. Der eine Schenkel in Abb. 30 hat seine normale Lage beibehalten, während der

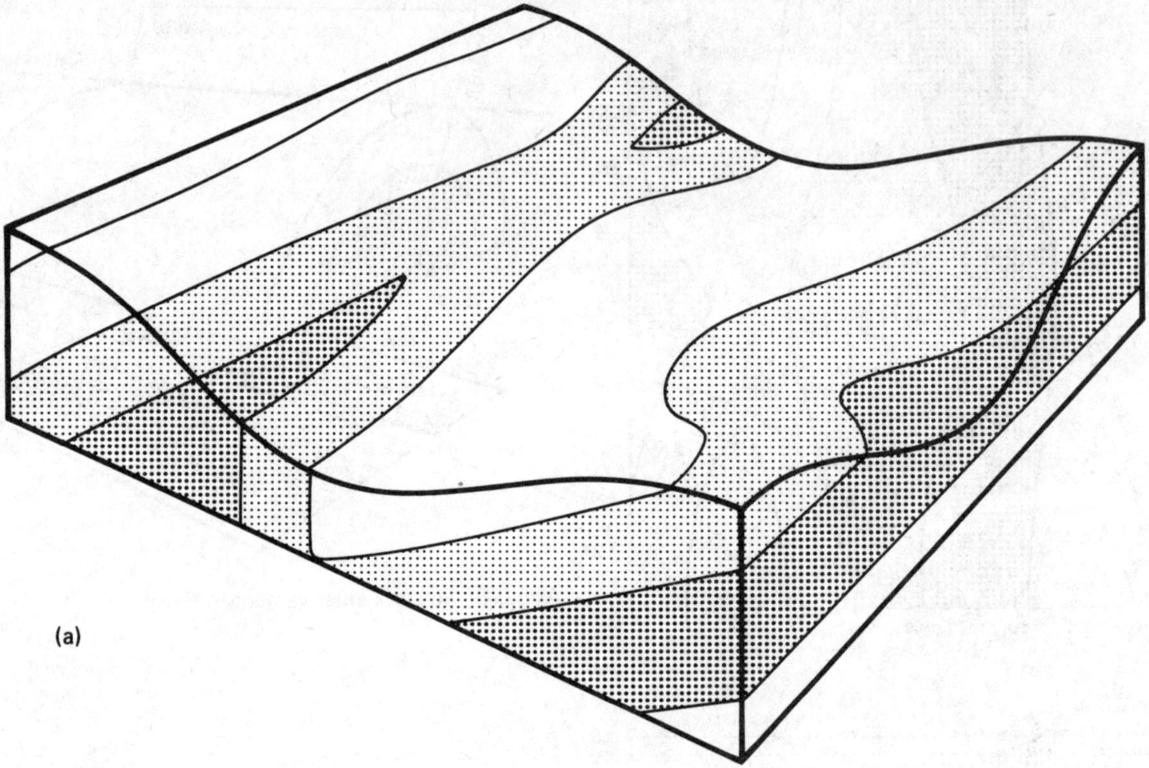

Abb. 29 Vergente Falte im Blockbild (a), in der Karte (b) und im Profil (c)

zweite (in Abb. 30a und c in der Bildmitte deutlich erkennbar) nicht mehr normal gelagert, sondern überkippt ist. Für diese Flanke gilt das Gesetz von Steno nicht mehr. Die jüngere Schicht fällt in Richtung auf die ältere Schicht ein. Aus dem Kartenbild von Abb. 30b läßt sich die überkippte Lagerung wie folgt ablesen:

Die stark punktierte Schicht bildet ungefähr in der Kartenmitte den Kern eines Sattels. Die jüngere, schwach punktierte Schicht müßte nun bei nicht überkippter Lagerung vom Sattelkern weg einfallen. Konstruiert man in Abb. 30b die Einfallrichtung aus den Schnittpunkten von Höhenlinien und Schichtgrenzen zwischen der stark und der schwach punktierten Schicht, so läßt sich aus dem Kartenbild ablesen, daß die Schicht beiderseits des Sattelkerns in die gleiche Richtung nach W geneigt ist.

5.4. Falten mit abtauchender Achse und vertikaler Achsenebene

Nicht nur die ideale Lage der Achsenebene kann verändert werden. Oft weicht auch die Faltenachse von ihrem horizontalen Verlauf ab. Die Abweichung der Faltenachse von der Horizontalen nennt man *Abtauchen.*

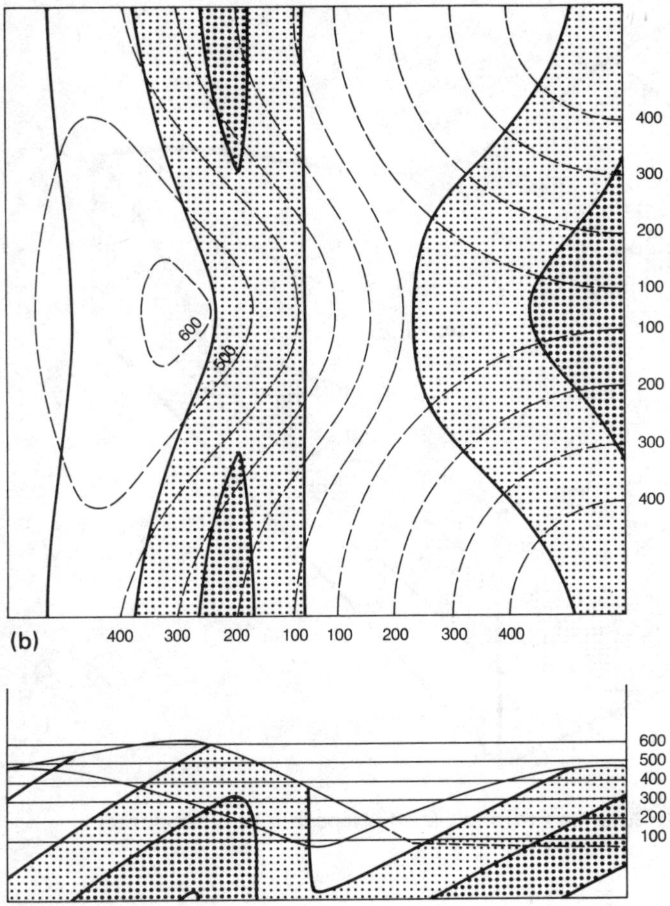

(b)

(c)

Abb. 29

Um die Erscheinung einer abtauchenden Falte anschaulich darzulegen, ist als Beispiel in Abb. 31a ein Sattel mit vertikaler Achsenebene angeführt. In Abb. 31b ist dieser Sattel parallel zur Faltenachse, also schräg geschnitten. Die Schnittfläche unterscheidet sich in diesem Falle nicht vom horizontalen Schnittbild einer Falte mit horizontaler Achse.

Wird die Falte mit abtauchender Faltenachse von einer horizontalen Ebene (wie in Abb. 31c) geschnitten, so erscheinen die Schichtköpfe (Ausbisse) der angeschnittenen Schichten umlaufend, d. h. die Schichtgrenzen laufen bogenförmig um die in die Kartenebene projizierte Faltenachse herum. Das Streichen der Schichten hat in jedem Punkt des bogenförmigen Umlaufs einen anderen Wert. Ebenso schwankt die Größe des Einfallwinkels. Die Faltenachse, die auch hier als Symmetrieachse angesehen werden kann, gibt jedoch die Generalstreichrichtung der Falte an. Den bogenförmigen Verlauf der Schichtgrenzen der abtauchenden Falte nennt man *umlaufendes Streichen.*

Die Abtauchrichtung der Faltenachse kann, ebenso wie die im vorangegangenen Kapitel beschriebene Vergenz, über weite Gebiete eines Faltenzuges konstant bleiben. In der schematischen Darstellung der Abb. 31c ist die Erdoberfläche eine horizontale Fläche. Es wird deutlich, daß im Falle eines abtauchenden Sattels die Abtauchrichtung der Faltenachse zum umlaufenden Streichen hin gegeben ist; im Falle der abtauchenden Mulde (Abb. 32) taucht die Faltenachse vom umlaufenden Streichen weg zum Muldeninnern hin ab. Die Schichten fallen entlang der Faltenachse in beiden Fällen in Richtung auf die jüngeren ein.

Betrachtet man nun den Ausbiß einer abtauchenden Falte im morphologisch bewegten Gelände (Abb. 33), so zeigt sich eine Anpassung der Schichtgrenzen an die Oberflächenformen in ähnlicher Art, wie in Kap. 4.4. erläutert, jedoch zeichnet sich das umlaufende Streichen der Schichtköpfe aufgrund der Tatsache, daß sich der Einfallwinkel im Umlaufen stetig verändert, deutlich ab. Folgende Stuation kann allerdings irreführend sein: Eine Falte mit horizontaler Achse wird derart von der Geländeoberfläche angeschnitten, daß umlaufendes Streichen an Berghängen und somit ein Abtauchen vorgetäuscht wird (s. Blockbild Abb. 39a, Kap. 6.2.).

Die hier vorgestellten Faltentypen sind die einfachsten Formen, die in der Natur vorkommen können. Sehr häufig ist z. B. ein Faltenzug mehr oder weniger stark verengt, und die Falten tauchen gleichzeitig ab. Vergenz und Abtauchen können dabei extreme Größen annehmen. Es kommt vor, daß die Faltenachsenebene um mehr als 90° aus ihrer Vertikalstellung heraus verkippt ist, so daß eine derart starke überkippte Lagerung vorliegt, daß ein ehemaliger Sattel als Mulde erscheint oder umgekehrt. Ebenso kann das Abtauchen der Faltenachse alle denkbaren Größen annehmen – von einer geringen Abweichung aus der Horizontalen bis zur Überkippung, was auch eine Umkehrung der ursprünglichen Verhält-

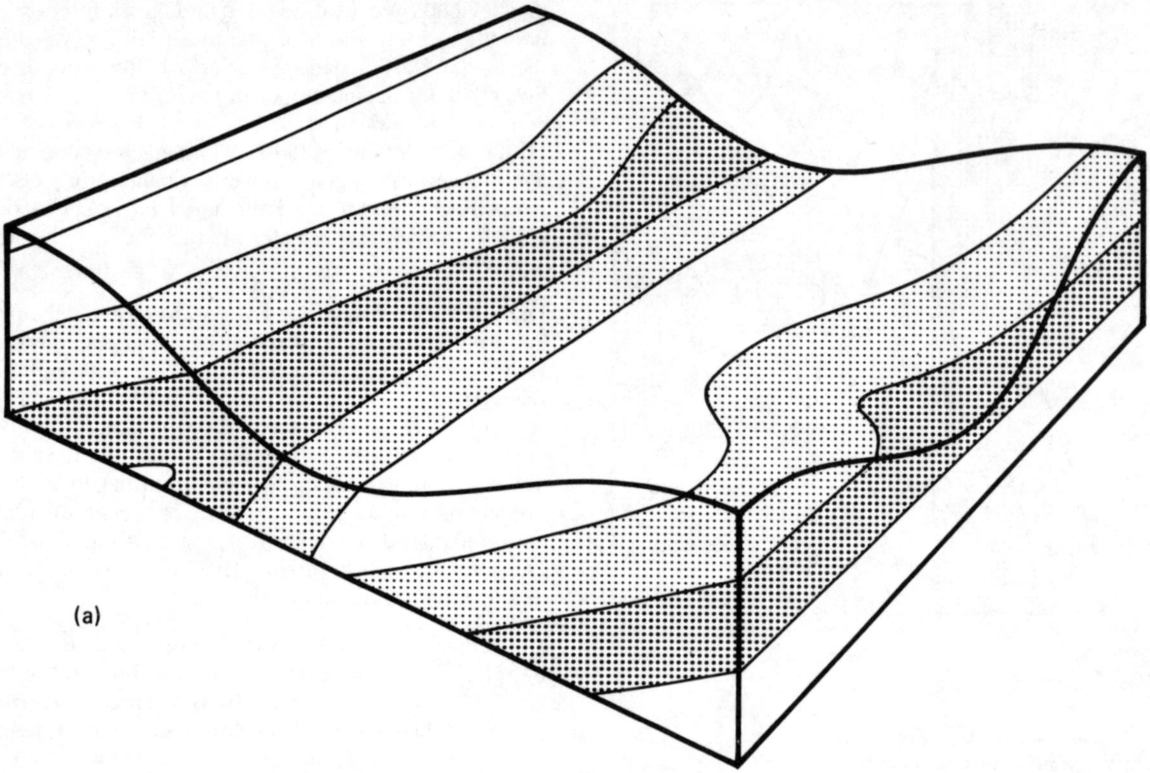

Abb. 30 Überkippte Lagerung im Blockbild (a), in der Karte (b) und im Profil (c). Die Faltenachse liegt horizontal.

nisse zur Folge hat. Meistens sind in solchen Fällen die Erscheinungen Vergenz und Abtauchen kombiniert. Auf den komplizierten Faltenbau wird hier nicht eingegangen. Hierfür wird auf die Spezialliteratur verwiesen.

5.5. Flexuren

Flexuren (Abb. 34) sind Umbiegungen sonst horizontal lagernder Schichten. Sie sind in der Art der Verformung ein Übergang zwischen Faltentektonik und Bruchtektonik. Oft gehen Flexuren in Brüche über, indem die Gesteinsschichten in der Umbiegung zerreißen. Aus dem Kartenbild (Oberfläche des Blockbildes s. Abb. 34) läßt sich eine Flexur daran ablesen, daß zwischen sonst flach gelagerten Schichtenfolgen ein mehr oder weniger breiter Streifen steiler Lagerung auftritt, auf dessen einer Seite ältere und dessen anderer Seite jüngere Schichten flach ausbeißen. Im Kartenbild in Abb. 35b läßt sich am parallelen Verlauf von Höhenlinien und Schichtgrenzen (E- und W-Teil) deutlich die flache Lagerung der Schichten ablesen. In der Kartenmitte dagegen schneidet die Grenze zwischen der schwach punktierten und der weißen Schicht die Höhenlinien und zeigt dadurch geneigte Lagerung an.

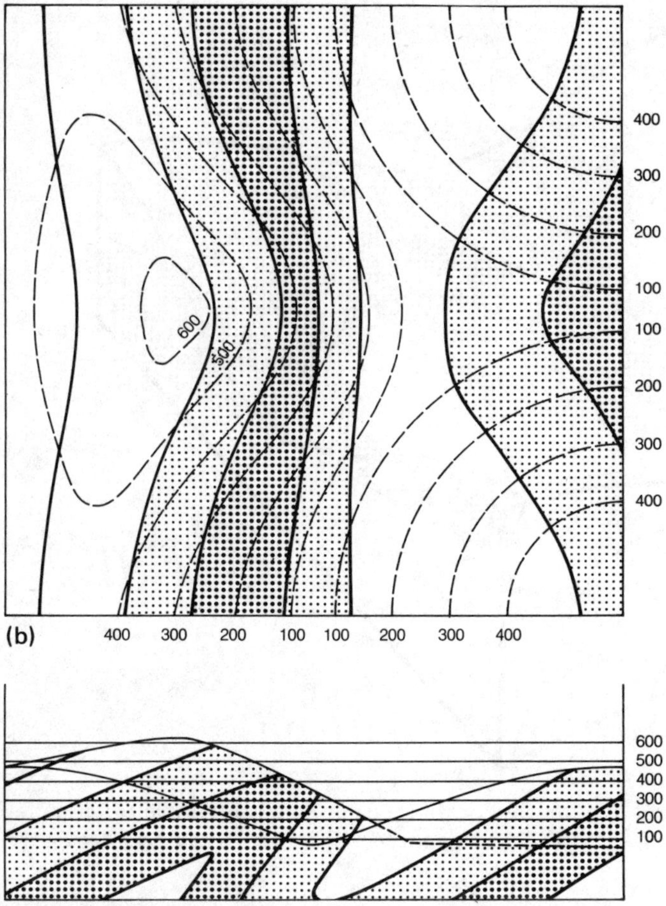

(b)

(c)

Abb. 30

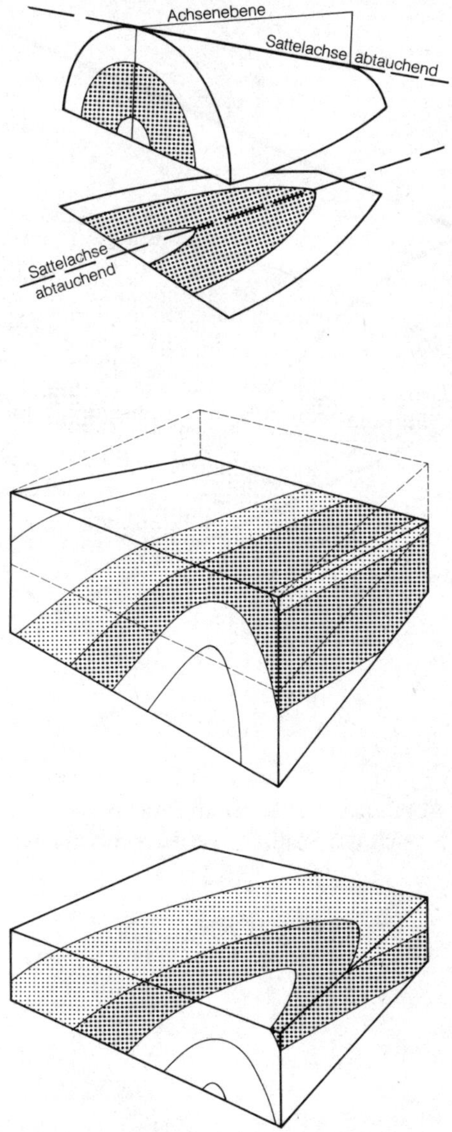

(a)

(b)

(c)

Abb. 31 Schema eines abtauchenden Sattels
(a) Sattel mit Symmetrieelementen
(b) Schnitt parallel zur Faltenachse
(c) horizontaler Schnitt

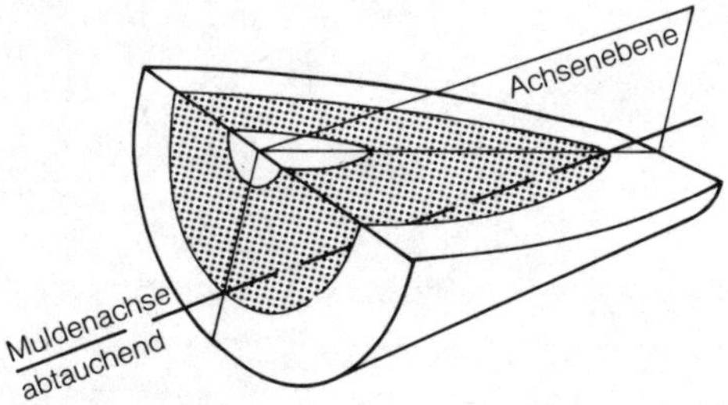

Abb. 32 Schema einer abtauchenden Mulde

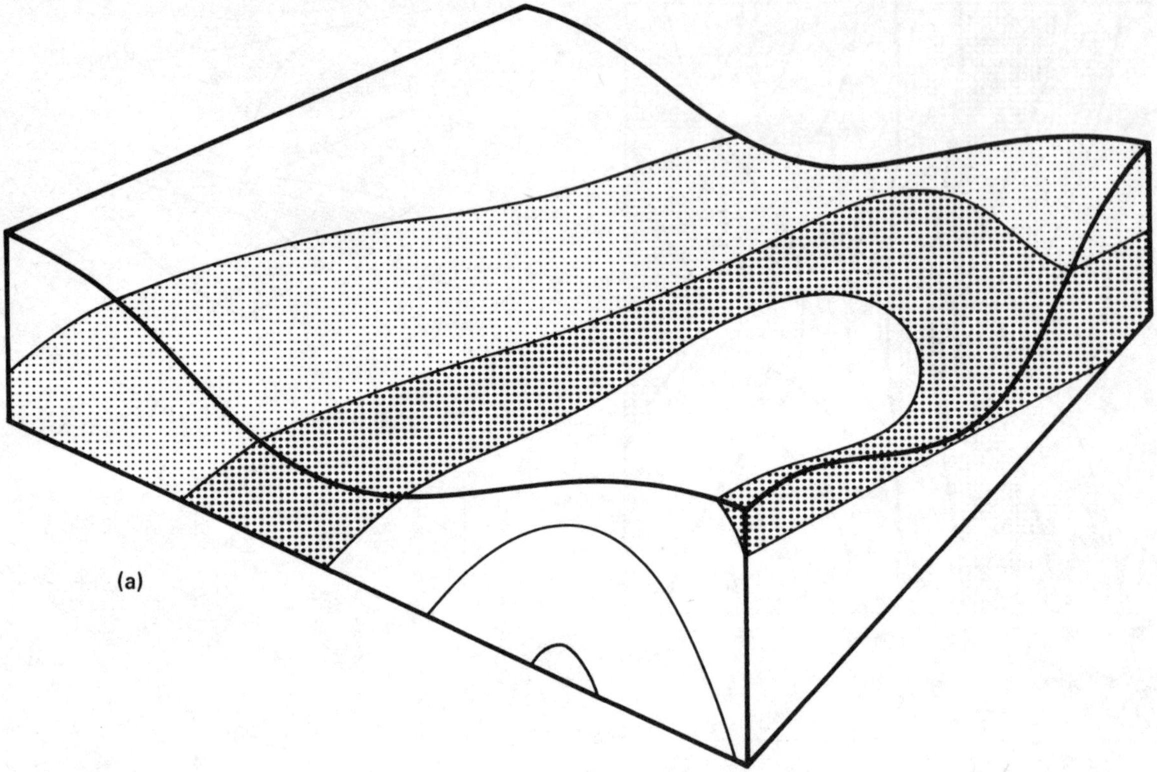

(a)

Abb. 33 Abtauchender Sattel im Blockbild (a) und in der Karte (b). Das Querprofil (c) ist abweichend für die Unterkante der Karte gezeichnet. Profil (d) verläuft entlang der Sattelachse A–B. Die Schichtgrenzen zeigen das Abtauchen der Achse.

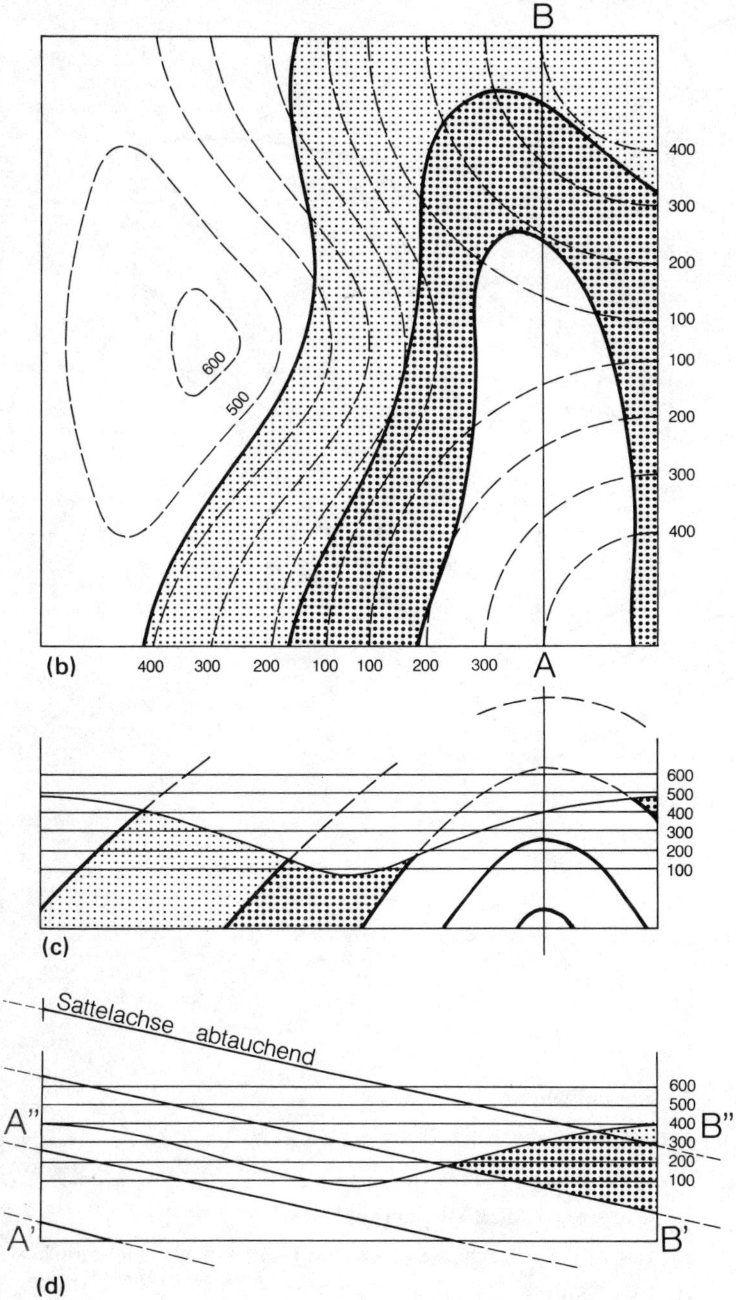

Abb. 33

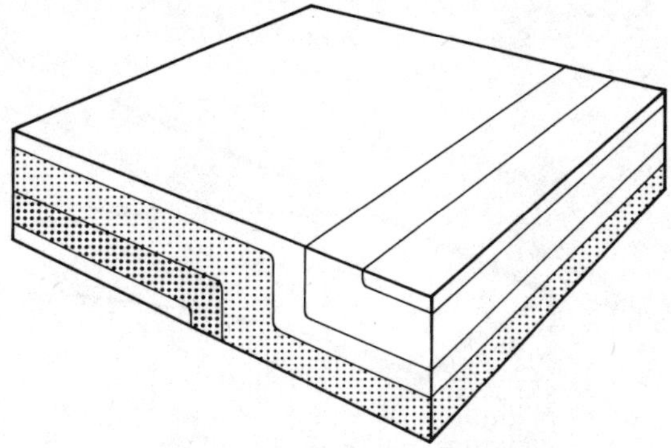

Abb. 34 Schema einer Flexur

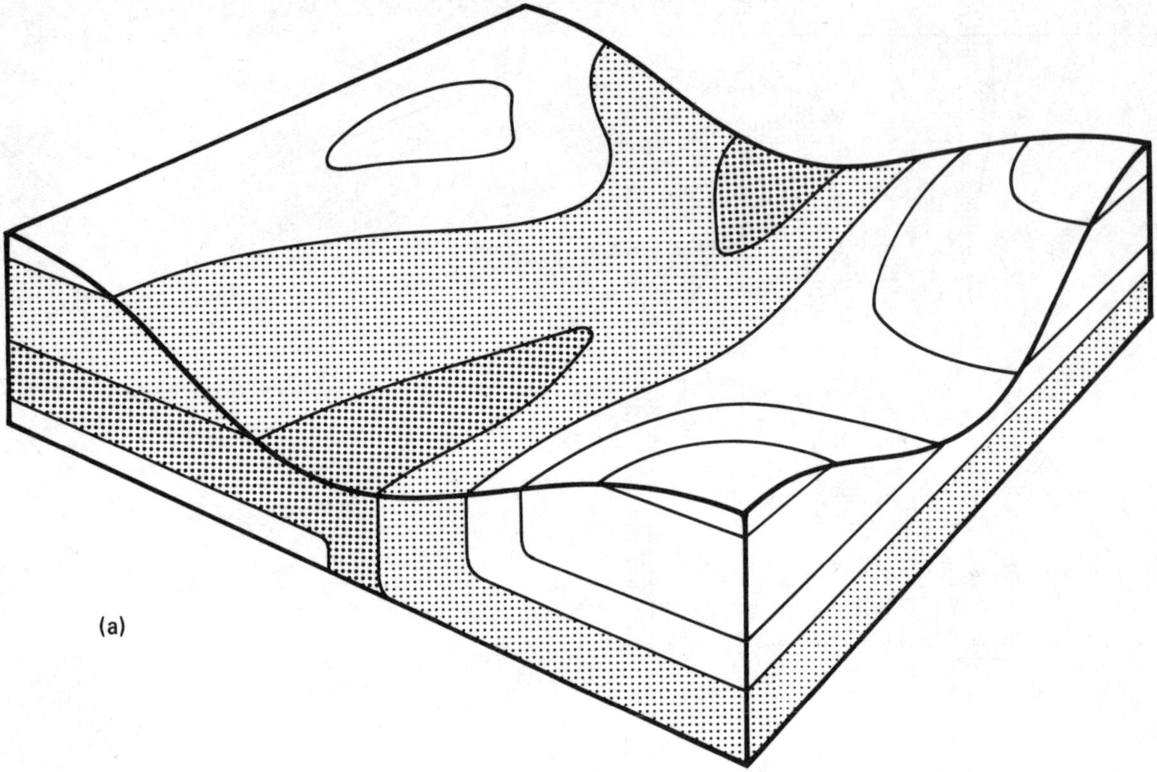

Abb. 35 Flexur im Blockbild (a), in der Karte (b) und im Profil (c)

Die Zone der steilen Lagerung in Abb. 35 läßt sich geometrisch auch als verbreiterte Störungslinie auffassen, so daß man bei Flexuren wie bei Verwerfungen von Hoch- und Tiefscholle sprechen kann (siehe Kap. 6.). Gelegentlich bilden Flexuren Geländestufen, so daß bei sonst flachem Gelände die gleiche Schicht die Erdoberfläche bildet. In diesem Fall läßt sich die Flexur aus dem Kartenblatt meist nicht eindeutig erkennen.

Übungsaufgabe:

Stellen Sie in der Karte 3 des Anhangs fest:

a) Liegt ein Sattel oder eine Mulde vor?

b) Wie streicht die Faltenachse?

c) Taucht die Faltenachse ab? Wenn ja, in welcher Richtung?

d) Liegt eine Faltenvergenz vor?

(b)

(c)

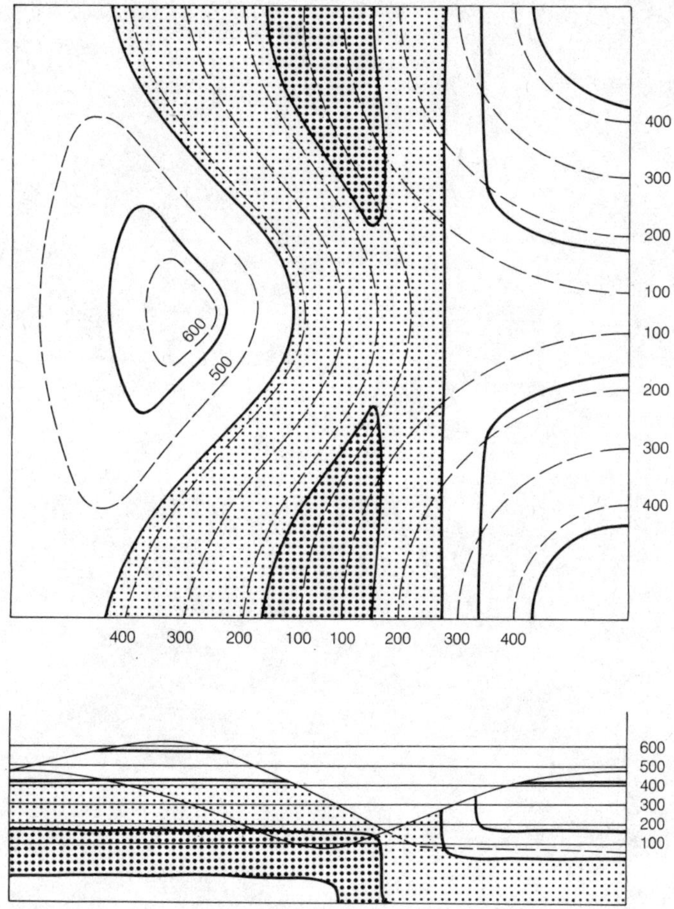

400
300
200
100
100
200
300
400
600
500
400 300 200 100 100 200 300 400
600
500
400
300
200
100

Abb. 35

6. Bruchtektonik bei flacher Lagerung

Wird ein flächiger Gesteinskörper infolge von Beanspruchung so stark belastet, daß die Bruchgrenze überschritten wird, so entstehen Trennungsfugen, die als Brüche bezeichnet werden.

Es werden zwei Hauptarten von Brüchen unterschieden:

1. Brüche ohne erkennbare Relativbewegung der betroffenen Gesteinskörper: sie werden Klüfte genannt.

2. Brüche, bei welchen entlang einer Fläche ein ehemals zusammenhängender Gesteinskörper getrennt und die so entstandenen Schollen gegeneinander verschoben werden: solche Brüche werden als Störungen bzw. als Verschiebungen bezeichnet. Hierbei wird wiederum zwischen Störungen unterschieden, die auf einer Einengung des beanspruchten Gesteinskörpers, und solchen, die auf eine Dehnung zurückzuführen sind. Die Lage der Störungsfläche im Raum ist, wie die jeder anderen geologischen Fläche, z. B. der Schichtfläche, durch das Streichen und das Einfallen eindeutig definiert.

Je nach den Relativbewegungen der Schollen beiderseits der Störung wird die relativ gehobene Scholle als „Hochscholle" bezeichnet, die relativ abgesunkene als „Tiefscholle". Welche Scholle wirklich gehoben bzw. gesenkt wurde, ist in den seltensten Fällen festzustellen.

In der horizontalen Darstellung von Verwerfungen gilt:

Sind zwei verschieden alte, normal gelagerte Schichten durch eine Störung voneinander getrennt, so zeigt das ältere Gestein die Hochscholle an.

Die Verwerfungsflächen können eben oder gekrümmt sein. Dies gilt sowohl für die horizontale als auch für die vertikale Erstreckung. Im hier zur Verfügung stehenden Darstellungsmaßstab wird jedoch davon ausgegangen, daß die Verwerfungsflächen Ebenen sind.

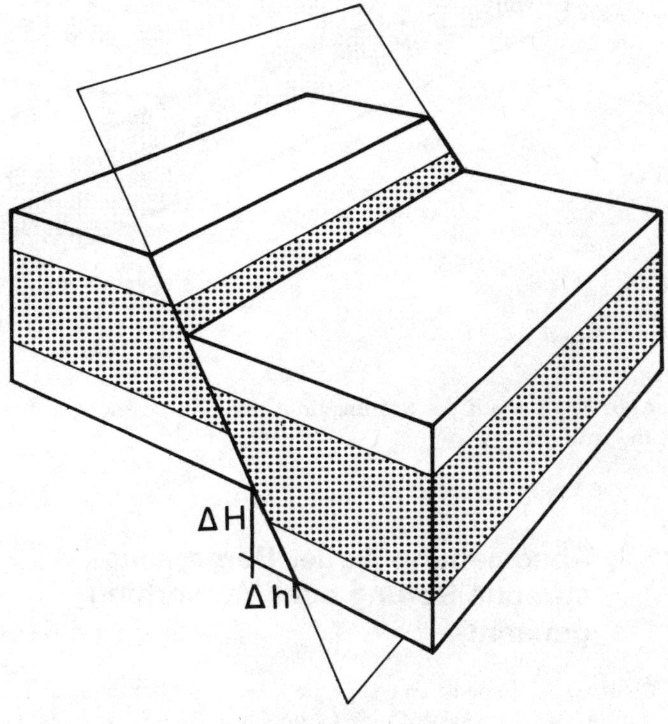

Abb. 36 Schema einer Abschiebung im Blockbild
Δh = Abschiebungsweite
ΔH = Abschiebungshöhe

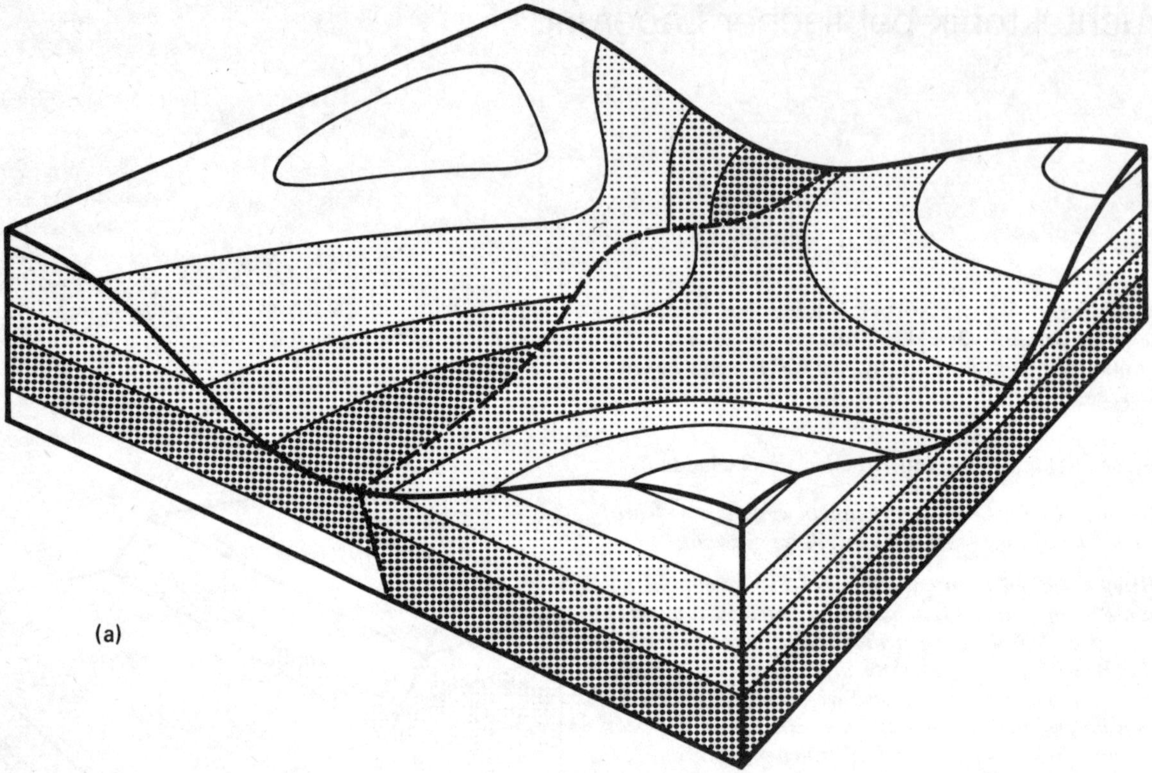

Abb. 37 Verlauf der Störungslinie einer Abschiebung in flach gelagerten Schichten im Blockbild (a), in der Karte (b) und im Profil (c)

6.1. Abschiebung (in der Bergmannssprache Sprung oder Verwerfung genannt)

Eine Abschiebung ist eine geneigte Fläche, auf der unter dem Einfluß der Schwerkraft eine Gesteinsscholle relativ zu dem dazugehörigen, durch den Bruch von ihr getrennten Teil abwärts bewegt wurde. Die Abschiebung wird durch einen Dehnungsvorgang des Gesteinspaketes verursacht, wie aus dem Schema der Abb. 36 hervorgeht. Allgemein bezeichnet man das Gesteinspaket, das relativ abgesunken ist, als Tiefscholle und das relativ höhere als Hochscholle.

Bei der Abschiebung liegt die Tiefscholle auf der Seite der Störungsfläche, in die die letztere einfällt. Die Bestimmung der Einfallrichtung der Abschiebungsfläche erfolgt genau wie bei einer Schichtfläche (vgl. Kap. 4.4.).

Die Tiefscholle in Abb. 36 ist durch die schräg gerichtete Bewegung um den Betrag ΔH in der Vertikalen und um den Betrag Δh in der Horizontalen verschoben worden. Den vertikalen Verschiebungsbetrag nennt man Sprunghöhe, den horizontalen Sprungweite.

In Abb. 36 ist die hangende weiße Schicht durch die Abschiebung so weit auseinandergezogen, daß sie an einer Bohrung

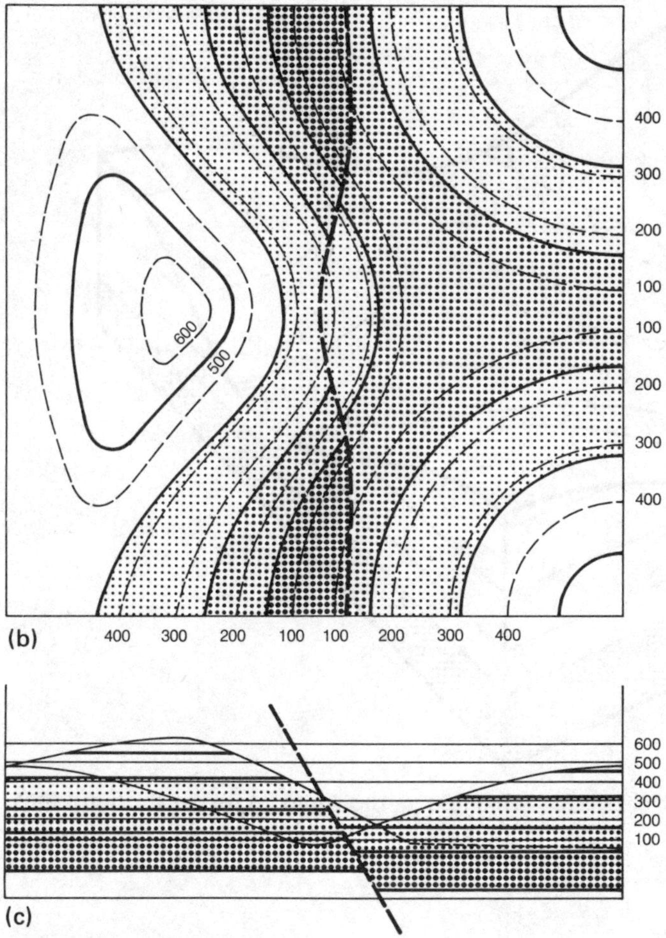

Abb. 37

(= vertikaler Schnitt) durch den an der Oberfläche erscheinenden gerasterten Streifen überhaupt nicht erscheint. Dieser *Schichtausfall* in der Störungszone ist typisch für Abschiebungen. Die Sprunghöhe kann wenige cm bis mehrere km erreichen.

Im Kartenblatt erscheint der Ausbiß einer Störungsfläche je nach Einfallwinkel und Morphologie als mehr oder weniger geschwungene Linie, die den Verlauf der Schichtgrenzen unterbricht. Die Schichtgrenzen stoßen auf der einen Seite auf die Störungslinie und werden durch diese versetzt oder treten gar nicht mehr auf. Das Maß der Linienversetzung ist abhängig von der Schichtmächtigkeit, der Sprunghöhe und der Sprungweite.

Abb. 37 zeigt durch eine Abschiebung gestörte, flach gelagerte Schichten. In der Kartendarstellung (Abb. 37b) werden die parallel zu den Höhenlinien verlaufenden Schichtgrenzen durch die Störungslinie (dick gestrichelt) abgeschnitten. Hoch- und Tiefscholle werden wie folgt bestimmt:

Man sucht sich eine Stelle an der Störungslinie, an der zwei verschieden alte Schichten aneinanderliegen (z. B. in Abb. 37b dunkles Raster = ältere Schicht neben hellem Raster = jüngere Schicht). Hier liegen also zwei verschieden alte Schichten, trotz flacher Lagerung, aus gleicher Höhe nebeneinander. Dies bedeutet, daß die jüngere Schicht die Tiefscholle und die ältere die Hochscholle ist.

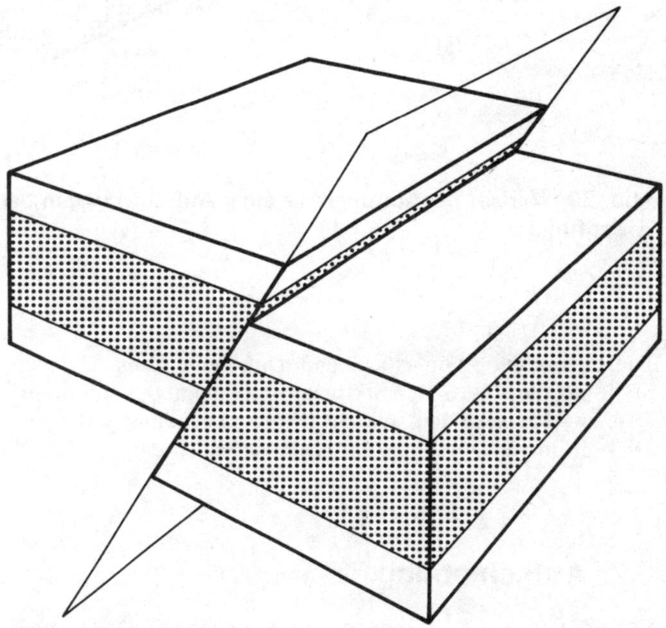

Abb. 38 Schema einer Aufschiebung

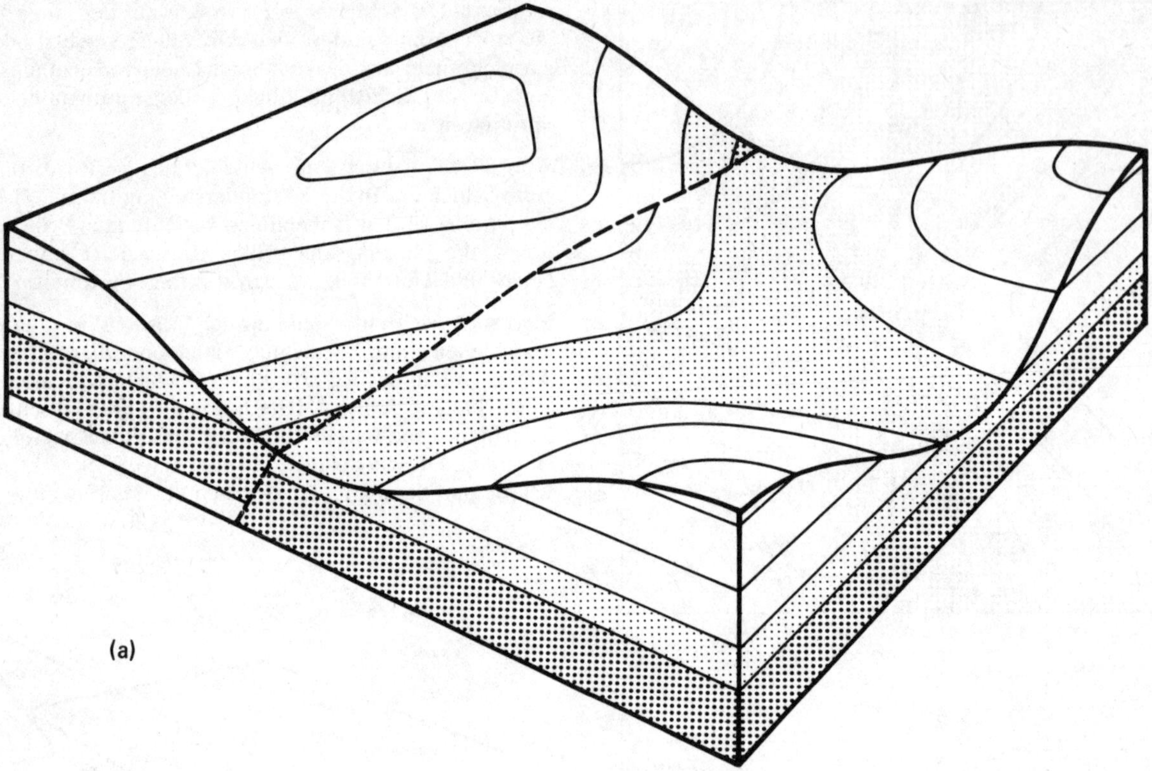
(a)

Abb. 39 Verlauf der Störungslinie einer Aufschiebung in flach gelagerten Schichten im Blockbild (a), in der Karte (b) und im Profil (c)

Die Bestimmung von Hoch- und Tiefscholle kann an jeder Stelle des Ausbisses der Störung vorgenommen werden, sofern zwei verschieden alte Schichten nebeneinanderliegen. Dies gilt in gleicher Weise für geneigte Schichten.

6.2. Aufschiebung

Bei der Aufschiebung (Abb. 38) wird auf einer geneigten Fläche eine Scholle hochgeschoben, so daß ursprünglich nebeneinanderliegende Teile jetzt übereinanderliegen. Dadurch entsteht bei der Aufschiebung in der Vertikalen eine *Schichtverdoppelung*. Einengung der Erdkruste bewirkt derartige Aufschiebungen.

Bei der Aufschiebung befindet sich die Hochscholle auf der Seite der Einfallrichtung der Gleitfläche. Die Bestimmung von Hochscholle und Tiefscholle aus dem Kartenblatt (Abb. 39b) wird in derselben Form vorgenommen wie bei der Abschiebung. Eine Unterscheidung zwischen Abschiebung und Aufschiebung im Kartenblatt kann jedoch nur erfolgen, wenn die Einfallrichtung der Störungsfläche ermittelt werden kann. In Abb. 39b erlaubt die geschwungene, über den Berg verlaufende Ausbißlinie der Störung die Ermittlung ihrer

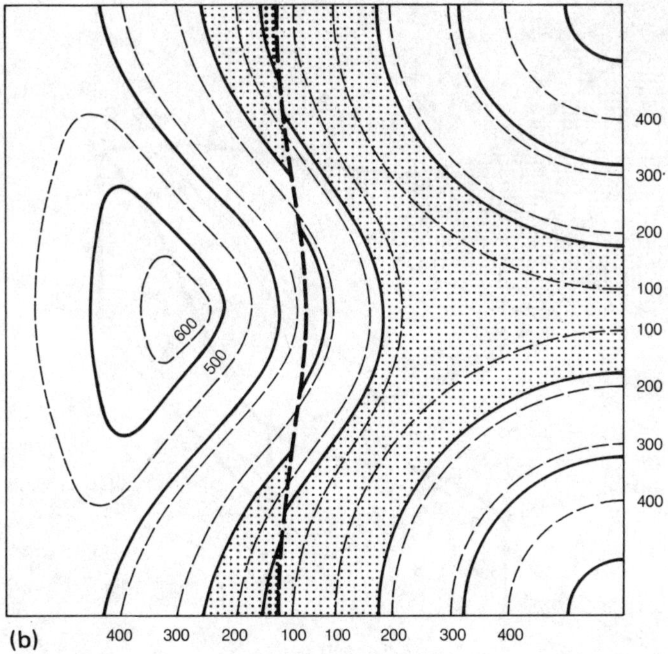

(b)

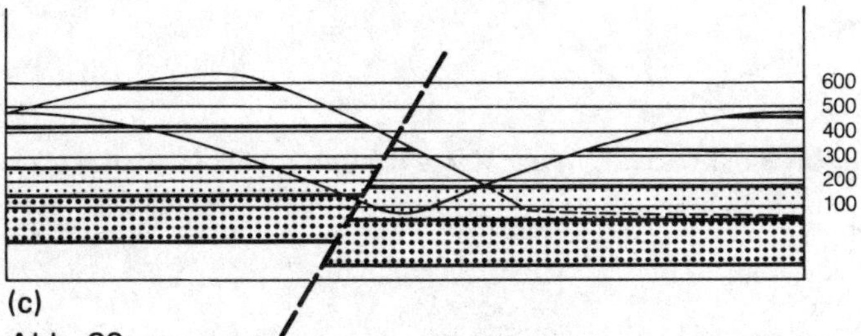

(c)
Abb. 39

Einfallrichtung nach Westen. Für die Unterscheidung von Auf- und Abschiebung gilt:

Abschiebung = Störungsfläche in Richtung Tiefscholle geneigt.

Aufschiebung = Störungsfläche in Richtung Hochscholle geneigt.

6.3. Überschiebung

Aufschiebungen und Überschiebungen, in der Bergmannssprache auch Wechsel genannt, sind verwandte Formen und lassen sich nicht scharf voneinander trennen. Überschiebungen sind im Prinzip Aufschiebungen mit flachem Neigungswinkel und großer Überschiebungsweite (mehr als 100 km). Die Bewegungsflächen von Aufschiebungen erreichen Neigungen bis zu 75°, während die mittlere Neigung bei Überschiebungen zwischen 10° und 30° liegt. Überschiebungen sind in den meisten geologischen Spezialkarten durch besondere Signaturen gekennzeichnet. Liegen in einem Gebiet mehrere parallel verlaufende Aufschiebungen dicht nebeneinander, so spricht man von *Schuppentektonik*.

6.4. Horizontalverschiebung

Gesteinsschollen werden in der Natur nicht nur vertikal, sondern auch horizontal gegeneinander verschoben. Man spricht von *Seitenverschiebungen* bzw. *Horizontalverschiebungen*, auch *Blattverschiebungen*.

Horizontalverschiebungen weisen nur eine horizontale und keine vertikale Verschiebungskomponente auf. Eine Horizontalverschiebung ist deshalb im Kartenblatt nur zu erkennen, wenn sie Schichten stört, die saiger gelagert oder gefaltet sind.

Am besten läßt sich eine Horizontalverschiebung an einer Falte erkennen. In Abb. 40 sieht man deutlich, wie die Mulde rechtwinklig zur Achse an der Störung verschoben ist. Dabei erscheinen die Muldenkerne im Kartenbild zwar verschoben, aber gleich breit. Die Faltenachse ist an der Störung parallel verschoben. Im Gegensatz dazu wird bei einer Auf- oder Abschiebung einer Falte die Ausbißbreite der Falte verändert, und die Faltenachsen werden an der Störung im allgemeinen nicht oder kaum versetzt.

Bestimmt man an einer Horizontalverschiebung Hoch- und Tiefscholle nach den für Ab- bzw. Aufschiebung geltenden Regeln, so stellt man fest, daß an der gleichen Störung je nach Standort sich widersprechende Ergebnisse erzielt werden. Im

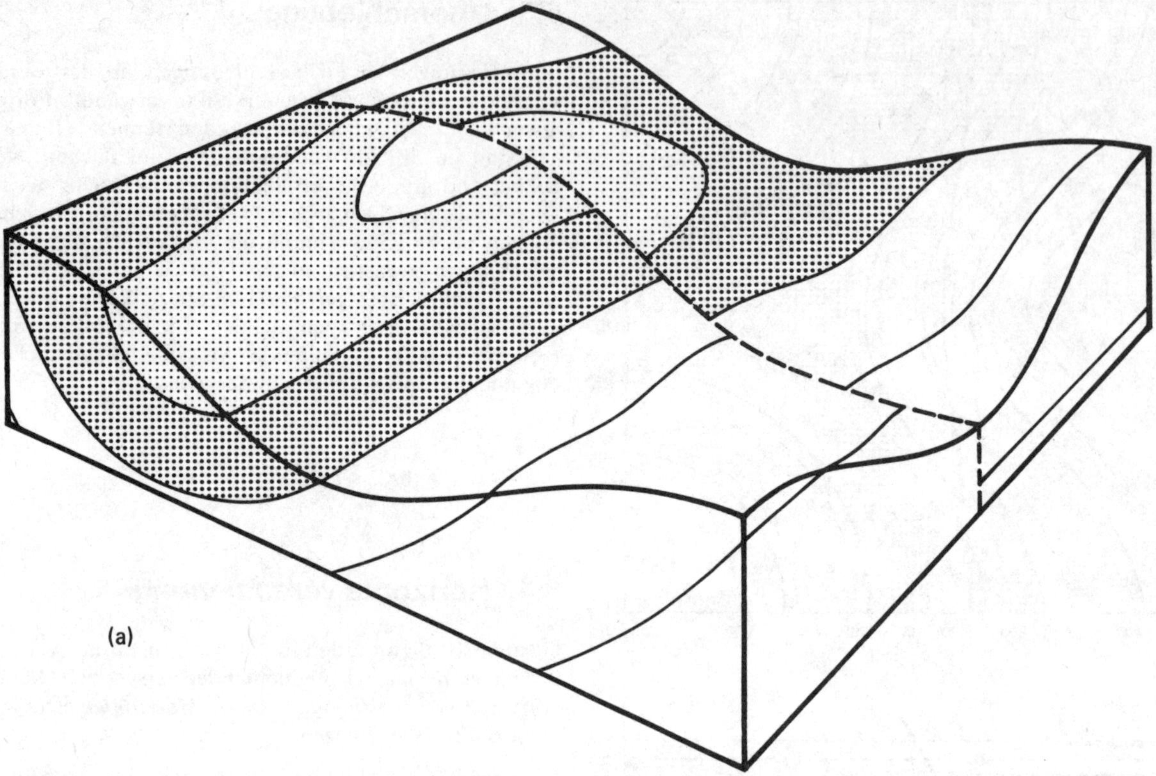

Abb. 40 Verlauf der Störungslinie einer Horizontalverschiebung im Blockbild (a), in der Karte (b) und im Profil (c und c'). Die Profile lassen deutlich den horizontalen Versatz erkennen.

W-Teil der Karte in Abb. 40b stößt z. B. die „ältere" Schicht der „unteren" Scholle („Hochscholle") gegen die „jüngere" der „oberen" Scholle („Tiefscholle"). Im östlichen Muldenflügel ist es genau umgekehrt. Die gleiche Scholle, die auf der westlichen Flanke als Hochscholle erscheint, müßte hier als Tiefscholle definiert werden. Dieser sich widersprechende Sachverhalt schließt eine Vertikalkomponente aus.

Übungsaufgaben:

1. Bestimmen Sie auf Karte 4 des Anhangs an der südlichen Störung die Lage von Hoch- und Tiefscholle.
2. In welche Richtung fällt die Störungsfläche ein?
3. Liegt eine Auf- oder Abschiebung vor?

6.5. Graben

Ein tektonischer *Graben* wird durch mindestens zwei in etwa parallel laufende Abschiebungen begrenzt. Die Abschiebungsflächen im Schema der Abb. 41 fallen gegeneinander ein und schließen die eingesunkene Grabenscholle ein. Eine Tiefscholle liegt zwischen zwei Hochschollen (Grabenschultern).

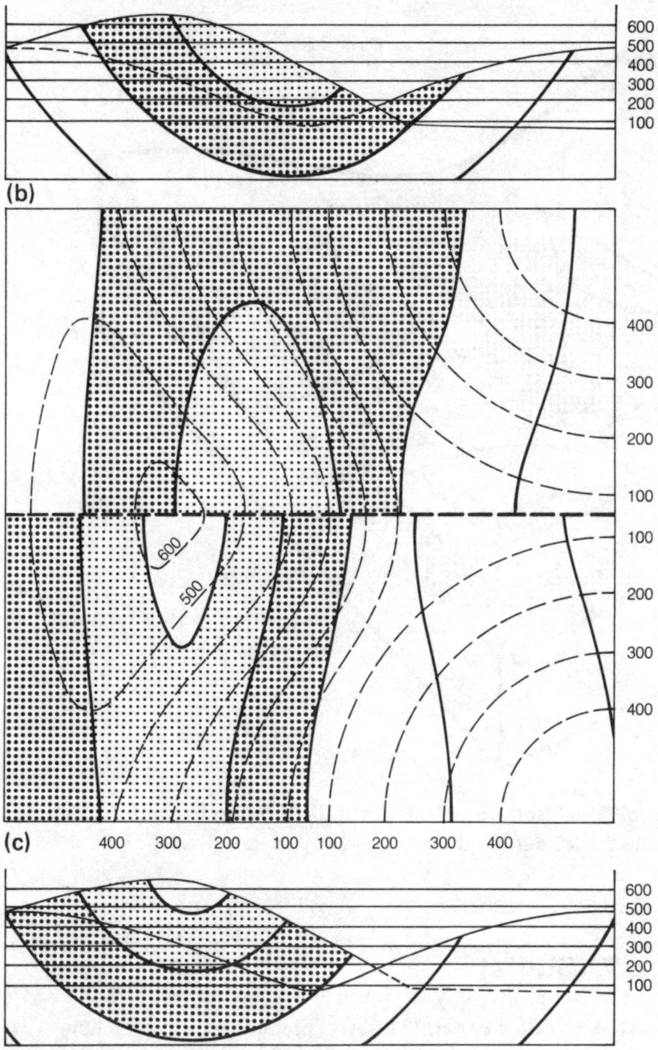

Abb. 40

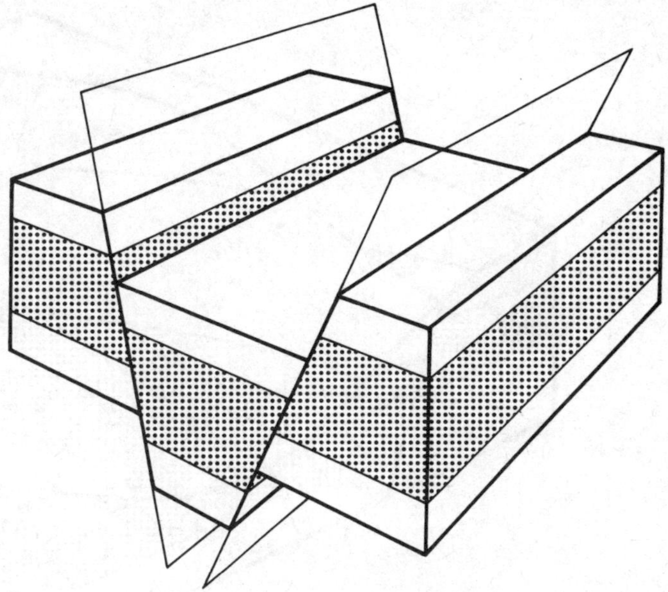

Abb. 41 Schema eines geologischen Grabens

Im Kartenblatt (Abb. 42b) erkennt man den Graben in flach gelagerten Schichten durch Zuordnung der verworfenen Schollen zueinander. Man bestimmt an jeder Verwerfungslinie die Hoch- und die Tiefscholle, wie in Kapitel 6.1. erklärt, sowie den relativen Bewegungssinn, den die jeweilige Verwerfung verursacht hat. Ergibt sich, wie in der vorliegenden Kartendarstellung, von West nach Ost betrachtet, die Schollenabfolge: Hochscholle – Tiefscholle an der ersten Verwerfung und Tiefscholle – Hochscholle an der zweiten Verwerfung (H/T T/H), so liegt eine Grabenstruktur vor.

Das Einfallen der Störungsflächen gegeneinander läßt sich in der Karte (Abb. 42b) auch aus den geschwungenen Ausbißlinien der Störungen ablesen.

6.6. Horst

Wie der Graben so ist auch seine ungleiche Bruderstruktur, der *Horst* (Abb. 43), durch annähernd parallel verlaufende Verwerfungen begrenzt, die hier jedoch nach oben gegeneinander geneigt sind. Beim Horst ist eine Hochscholle gegenüber den benachbarten Tiefschollen stehengeblieben. Aus

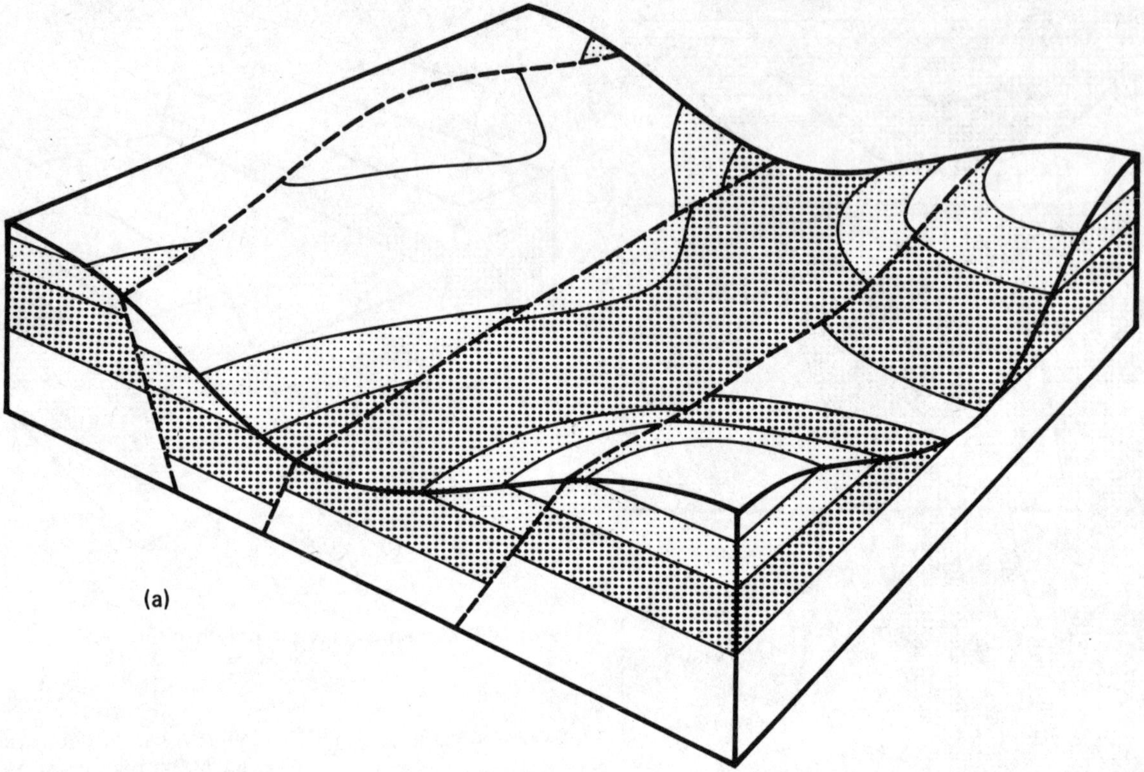

Abb. 42 Flach gelagerte Schichten mit geologischem Graben im Blockbild (a), in der Karte (b) und im Profil (c). Die von den beiden westlichen Abschiebungen eingeschlossene Tiefscholle bildet den Graben.

dem Kartenblatt in Abb. 44b läßt sich ein Horst aus den Ausbißlinien der Abschiebungen einerseits dadurch ermitteln, daß von W nach E aus den Altersverhältnissen der flach gelagerten Schichten folgende Schollenabfolge festgestellt wird: an der ersten Verwerfung Tiefscholle – Hochscholle, an der zweiten Hochscholle – Tiefscholle. Also wird eine Hochscholle von zwei Tiefschollen (T/H H/T) eingeschlossen. Andererseits ergibt sich aus dem geschwungenen Verlauf ihrer Ausbißlinien, daß die beiden westlichen Störungen voneinander weg einfallen. Es liegt also ein Horst vor. In seltenen Fällen können auch Aufschiebungen, die aufeinander zu fallen, einen Horst bilden.

6.7. Staffel

Mehrere flächenparallele Abschiebungen mit gleichem Verwerfungssinn wie im Schema der Abb. 45 bilden eine Verwerfungstreppe, die man als Bruchstaffel bezeichnet. Staffelbrüche kommen u. a. in flachen Tafellandschaften (Tafeljura) und als Flanken großer Grabensysteme (Oberrheintal) vor.

In Abb. 44 ist ein Horst mit Staffelbrüchen kombiniert. Das Kartenbild (Abb. 44b) zeigt drei parallel zueinander verlaufende Verwerfungen. Zwei dieser Verwerfungen (die östlichen) sind in die gleiche Richtung geneigt, wie sich aus der Verschneidung von Höhenlinien und Ausbißlinien ergibt.

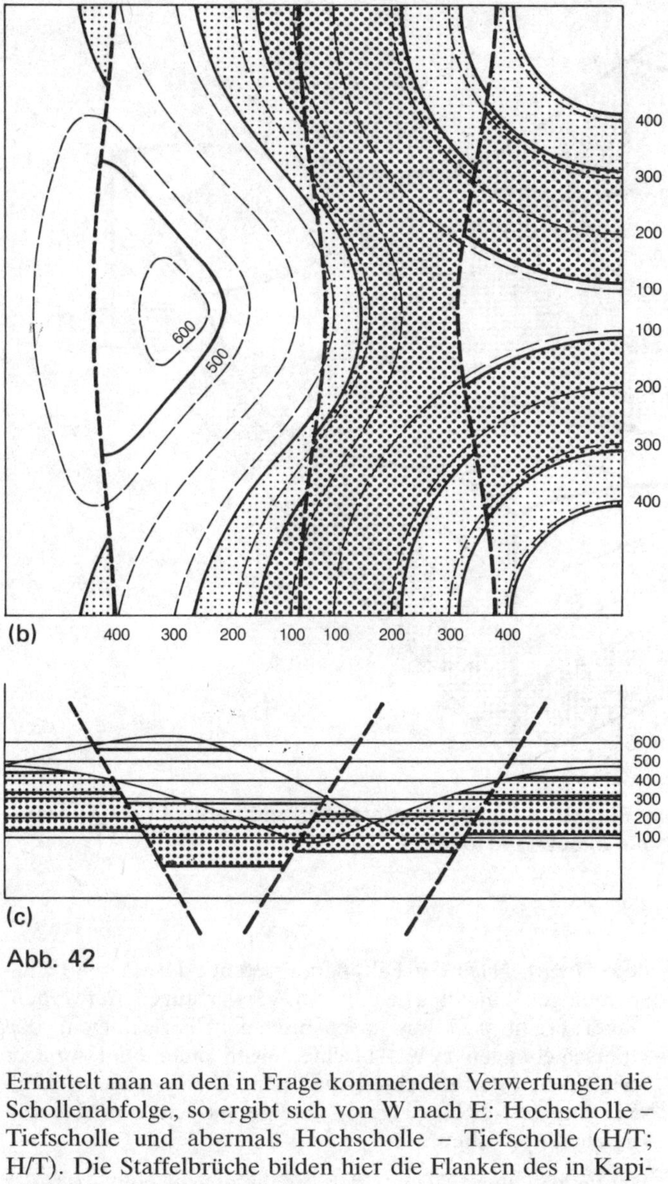

Abb. 42

Ermittelt man an den in Frage kommenden Verwerfungen die Schollenabfolge, so ergibt sich von W nach E: Hochscholle – Tiefscholle und abermals Hochscholle – Tiefscholle (H/T; H/T). Die Staffelbrüche bilden hier die Flanken des in Kapitel 6.6. beschriebenen Horstes.

In Abb. 44 wird besonders deutlich, daß die geologischen Formen Horst und Graben sich nicht immer in der Geländeform wiederfinden. Während der Horst die Flanke eines Berges bildet und die erste, nach Osten anschließende Tiefscholle auch morphologisch tiefer liegt, steigt das Gelände zur zweiten Tiefscholle hin wieder an. Die geologisch tiefer liegende Einheit bildet also einen Berg. Das Relief ist der geologischen Struktur gegenläufig. Wir bezeichnen derartige Strukturen, die auch an Sätteln und Mulden auftreten, als Reliefumkehr. Gerade bei Reliefumkehr ist es besonders wichtig, bei der Deutung der geologischen Karte zwischen den morphologischen Formen und den geologischen Strukturen zu unterscheiden.

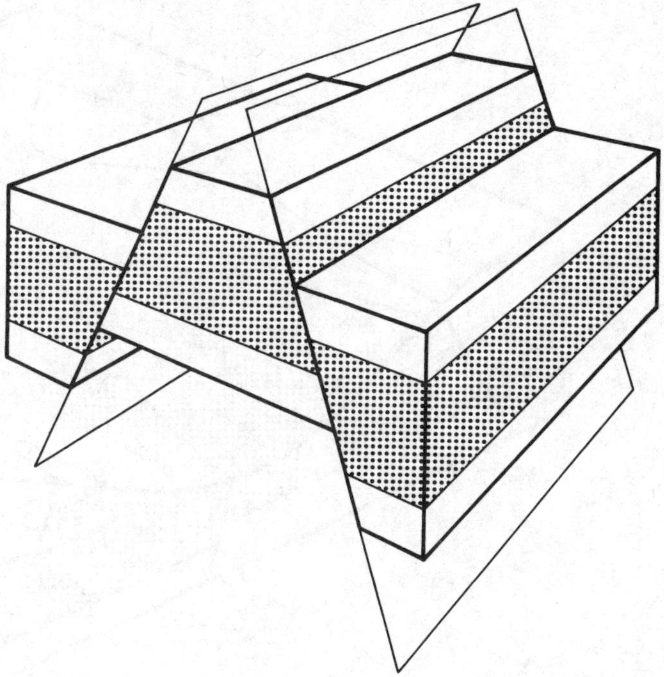

Abb. 43 Schema eines geologischen Horstes

Übungsaufgaben:

1. Wird durch die beiden Störungen auf Karte 4 des Anhangs ein Horst, ein Graben oder eine Staffel gebildet?
2. Welches Einfallen haben die Schichten?
3. Skizzieren Sie drei geologische Profile in SW–NE-Richtung.

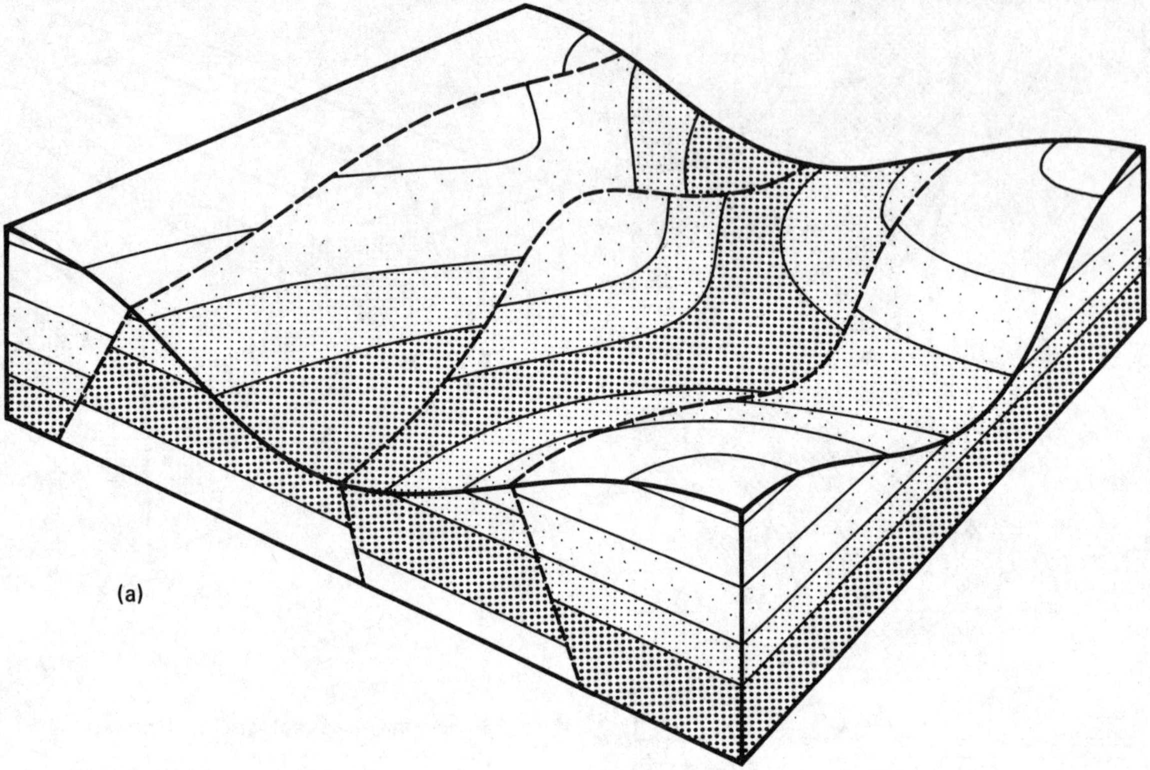

Abb. 44 Flach gelagerte Schichten mit geologischem Horst im Blockbild (a), in der Karte (b) und im Profil (c). Die von den beiden westlichen Abschiebungen eingeschlossene Hochscholle bildet den Horst.

6.8. Kombination von Bruch- und Faltentektonik

Faltung und Verwerfung sind Verformungselemente der Erdkruste, die sich nicht gegenseitig ausschließen, sondern sich je nach Stadium der Verformung eines Erdkrustenteils ergänzen.

Verworfene, flach gelagerte Schichten können anschließend gefaltet werden. Wenn während der Faltung die auftretenden Kräfte die Bruchfestigkeit des Gesteins überschreiten, kommt es zu Überschiebungen (Deckenüberschiebungen in den Alpen). Nach der Faltung auftretende Druck- und Zugspannungen können ebenfalls an Verwerfungen freiwerden. Dabei ergibt sich aus mechanischen Überlegungen, daß Überschiebungen bzw. Aufschiebungen mehr oder weniger im Streichen der Schichten verlaufen. Verwerfungen in Faltengebirgen streichen dagegen häufig senkrecht zum Generalstreichen der Falten.

Häufig tritt der Fall auf, daß gefaltete Schichten nach der Biegungsverformung verworfen worden sind. Die Verwerfung im Schema der Abb. 46 verläuft parallel zum Streichen der Faltenachse. Dadurch sind die Faltenschenkel gegeneinander verschoben. Die Verwerfungsart läßt sich in den gefal-

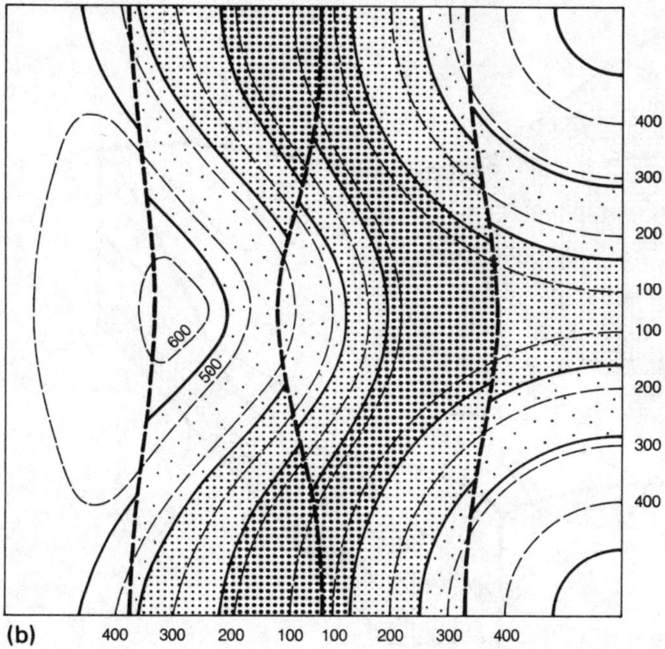

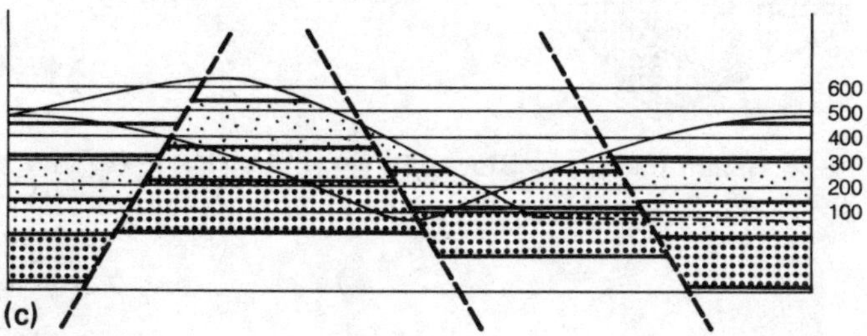

Abb. 44

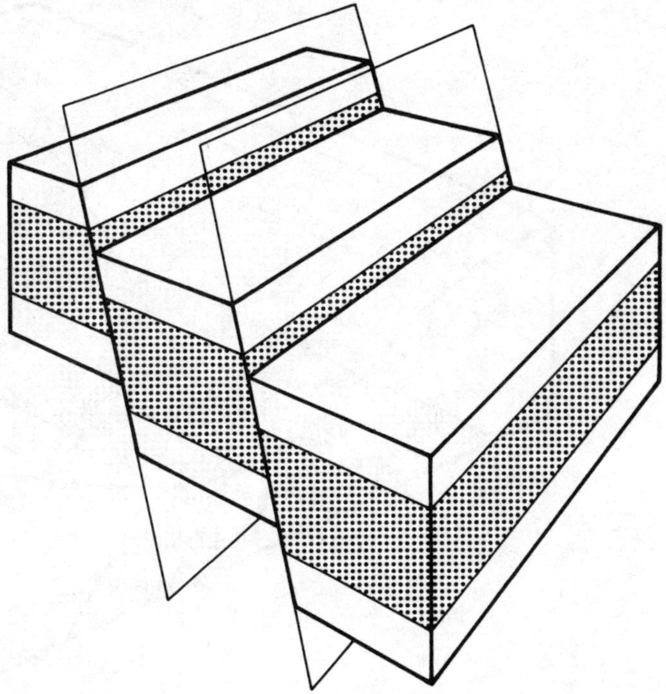

Abb. 45 Schema einer Bruchstaffel

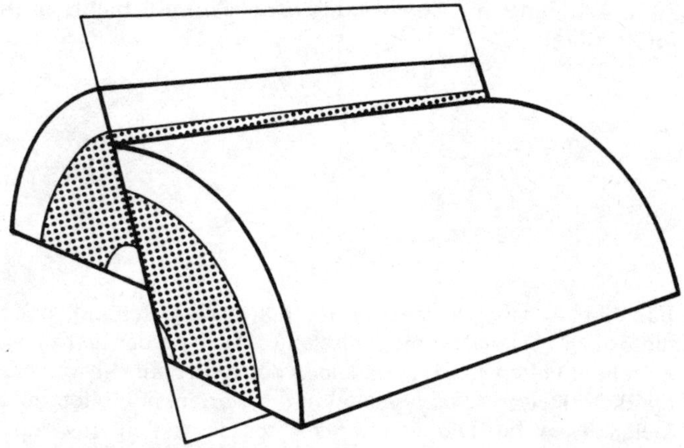

Abb. 46 Schema eines parallel zur Sattelachse abgeschobenen Sattels

teten Gebieten auf die gleiche Art ermitteln wie in einem Gebiet mit völlig horizontaler Lagerung. Voraussetzung ist auch hier, daß die Ausbißlinie der Verwerfung nicht gerade, sondern gekrümmt verläuft. Zunächst muß in der Karte (Abb. 47b) die Einfallrichtung der Verwerfung ermittelt (siehe Kap. 3.3.), anschließend müssen die Hochscholle und die Tiefscholle bestimmt werden. Je nach der Lage von Hoch- bzw. Tiefscholle zur Verwerfungsfläche (Einfallrichtung der Gleitebene) ergibt sich die Verwerfungsart (siehe Kap. 6.).

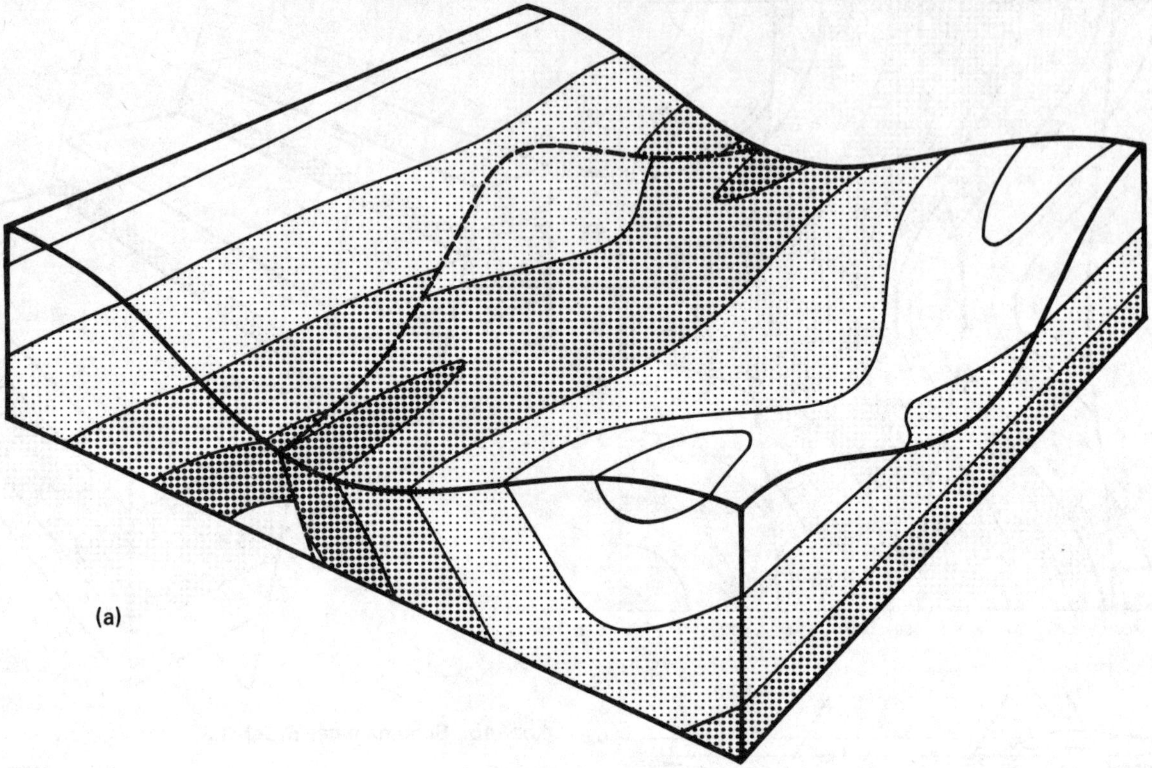

Abb. 47 Falte mit Abschiebung parallel zum Schichtstreichen und Reliefumkehr im Blockbild (a), in der Karte (b) und im Profil (c)

Für Abb. 47 gilt: Die Verwerfung fällt nach Osten ein, und die östliche Scholle ist die Tiefscholle. Auch an der hier dargestellten Falte wird das Phänomen der Reliefumkehr wieder deutlich. Der geologische Sattel in der Kartenmitte bildet im Gelände ein Tal. Die älteren Schichten des Sattelkerns sind anscheinend gegenüber der Verwitterung und Abtragung weniger widerstandsfähig als die jüngeren. Dieses prägt sich dann im Ost-Teil der Karte noch deutlicher dadurch aus, daß die geologische Mulde (vgl. Abb. 47a) einen Höhenzug bildet. Die Schichten im Kern der Mulde scheinen die widerstandsfähigsten zu sein.

Übungsaufgabe:

Bestimmen Sie auf Karte 3 des Anhangs an der eingezeichneten Störung die Lage von Hoch- und Tiefscholle.

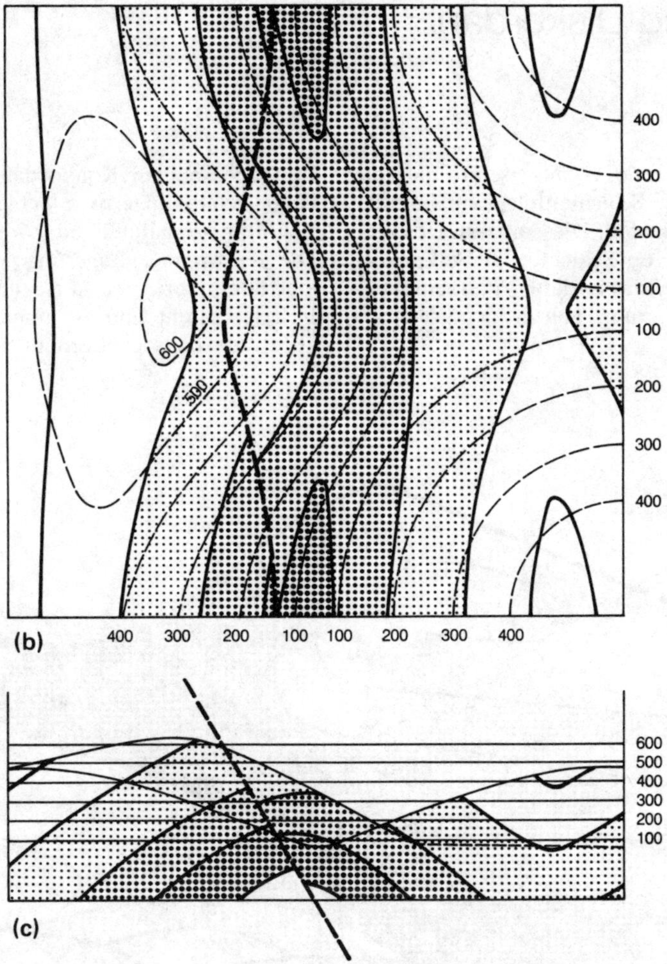
400
300
200
100
100
200
300
400
600
500
400 300 200 100 100 200 300 400
(b)
600
500
400
300
200
100
(c)

Abb. 47

7. Konkordanz und Diskordanz

In den bisherigen Kapiteln wurde vorausgesetzt, daß die Schichtflächen der betrachteten Schichtenfolgen mehr oder weniger parallel zueinander verlaufen. Diese ungestörte chronologische Übereinanderfolge von Schichten heißt konkordante Lagerung. Sie ist ein Hinweis dafür, daß eine ununterbrochene parallele Ablagerung von Schichtgesteinen erfolgte.

Im Gegensatz zur Konkordanz steht die Diskordanz. Bei ihr liegen relativ ungestörte Schichten einer jüngeren Serie über gestörten (gefalteten oder verworfenen) älteren Gesteinen. Die diskordante Lagerung kommt dadurch zustande, daß eine ältere Serie der Abtragung ausgesetzt wird, wodurch ein Relief entsteht und zu einem späteren Zeitpunkt auf dem abgetragenen Sockel erneut Sedimente abgelagert werden.

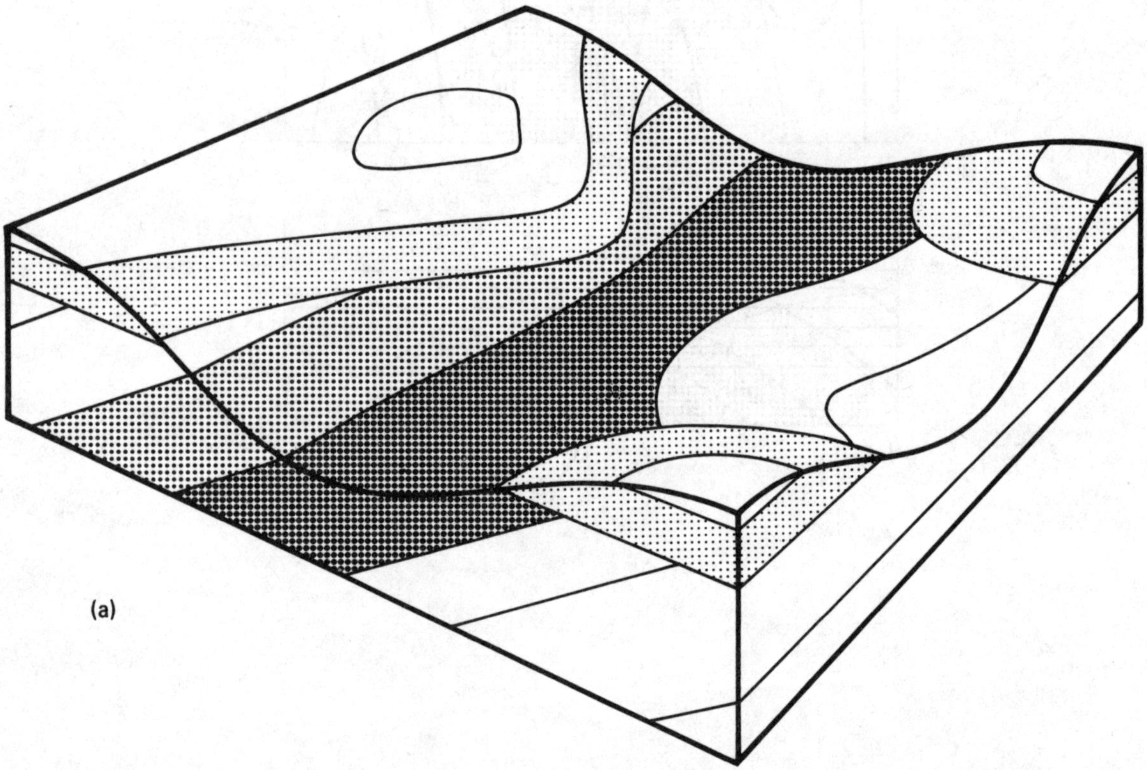

(a)

Abb. 48 Diskordante Lagerung von flachen Schichten über geneigten im Blockbild (a), in der Karte (b) und im Profil (c)

7.1. Schichtendiskordanz

Mit der Entstehung eines großen Faltengebirges ist eine Regression (meerwärtige Küstenverlagerung) des Meeres, also eine Festlandsbildung und Landhebung verbunden. Dieser Vorgang hat eine Abtragung der gehobenen Oberflächen zur Folge, die zur völligen Einebnung der Oberfläche führen kann. Bei einer späteren erneuten Transgression (landwärtige Küstenverlagerung des Meeres) lagert sich eine neue Sedimentdecke horizontal, also winkeldiskordant auf den vorher gefalteten oder tektonisch sonstwie gestörten und danach wieder eingeebneten Gesteinsstrukturen ab.

Andererseits kann eine Schicht am Rande eines Sedimentationsraumes auskeilen, und eine jüngere greift dann transgressiv über mehrere ältere Schichten. Auch kann eine zeitliche Schichtlücke durch vorübergehende Regression des Meeres entstehen. Während dieser Zeit wird u. U. der zuvor abgelagerten Schicht ein Relief in Form von Rinnen und Prielen aufgeprägt, das dann von einer jüngeren Schicht wieder diskordant überdeckt wird.

Solange durch abermalige Abtragung die diskordant unterlagernden Gesteinsserien nicht wieder an der Oberfläche sichtbar werden, ist eine Diskordanz im Kartenbild nicht erkennbar. Ist eine entsprechende Morphologie, die die unterlagernden Schichten bloßlegt, vorhanden, so erscheint die Diskordanz im Kartenblatt um so augenfälliger, je stärker sich Untergrund und auflagernde Serien in Streichen und Einfallen unterscheiden. Stehen z. B. wie in Abb. 48 die Schichten des tektonisch deformierten Untergrundes steil und liegen darüber diskordante Serien horizontal, so schneiden die Schichtgrenzen des Untergrundes die Höhenlinien (Abb. 48b), während die Schichtgrenzen der diskordanten Auflage parallel zu den Höhenlinien verlaufen und sich gleichsam wie eine Decke auf den Untergrund legen. Das hat zur Folge, daß in manchen Punkten des Kartenblattes drei verschieden alte Schichten (an der Grenze zwischen zwei Schichten des Untergrundes und der Grenze der diskordanten Auflagerung) zusammenstoßen. Besonders deutlich erkennt man dies in der SE-Ecke der Abb. 48b. Die flach lagernde, schwach gerasterte Schicht greift über die stark gerasterte und über die weiße Schicht. Das Profil (Abb. 48c) zeigt deutlich, wie die schwach gerasterte Schicht die steil gestellten älteren Schichten als Decke überlagert.

Eine spezielle Form der diskordanten Lagerung, in den geologischen Spezialkarten besonders auffällig, ist die Überlagerung der Festgesteine des Untergrundes durch jüngste Lokkersedimente wie Flußschotter, Verwitterungslehm und tiefgründige Böden. In Abb. 49 ist dieses für die Talfüllung eines Baches dargetellt. Für die Interpretation der Lagerungsverhältnisse der Sedimentgesteine sind diese Überlegungen des Quartärs insofern vernachlässigbar, als sie keine Aussage über die Tektonik erlauben. Auf der anderen Seite verdecken sie jedoch die Gesteinsgrenzen und Strukturen des Untergrundes. Oft kann man jedoch den Verlauf der Gesteinsgren-

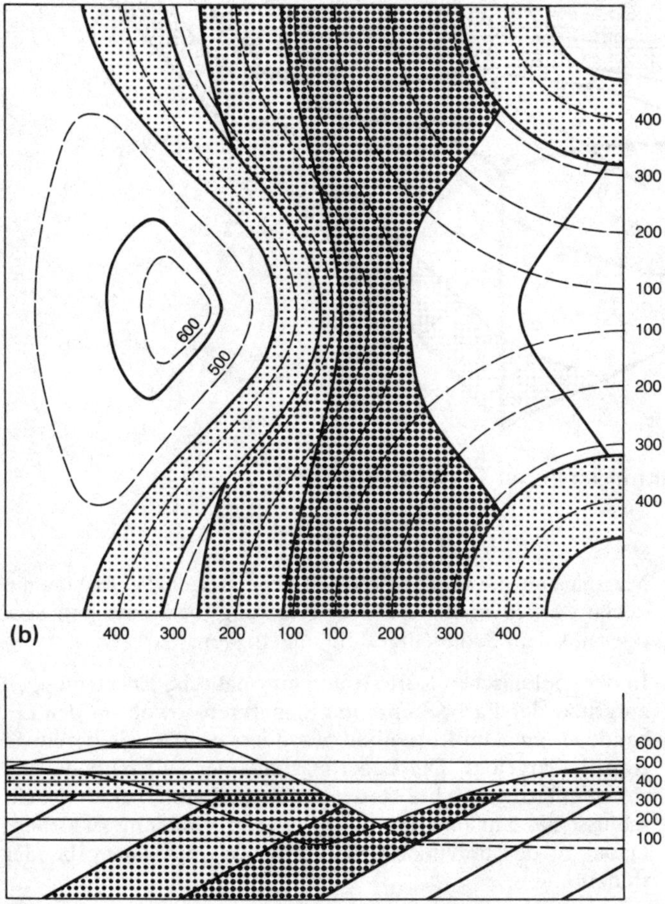

Abb. 48

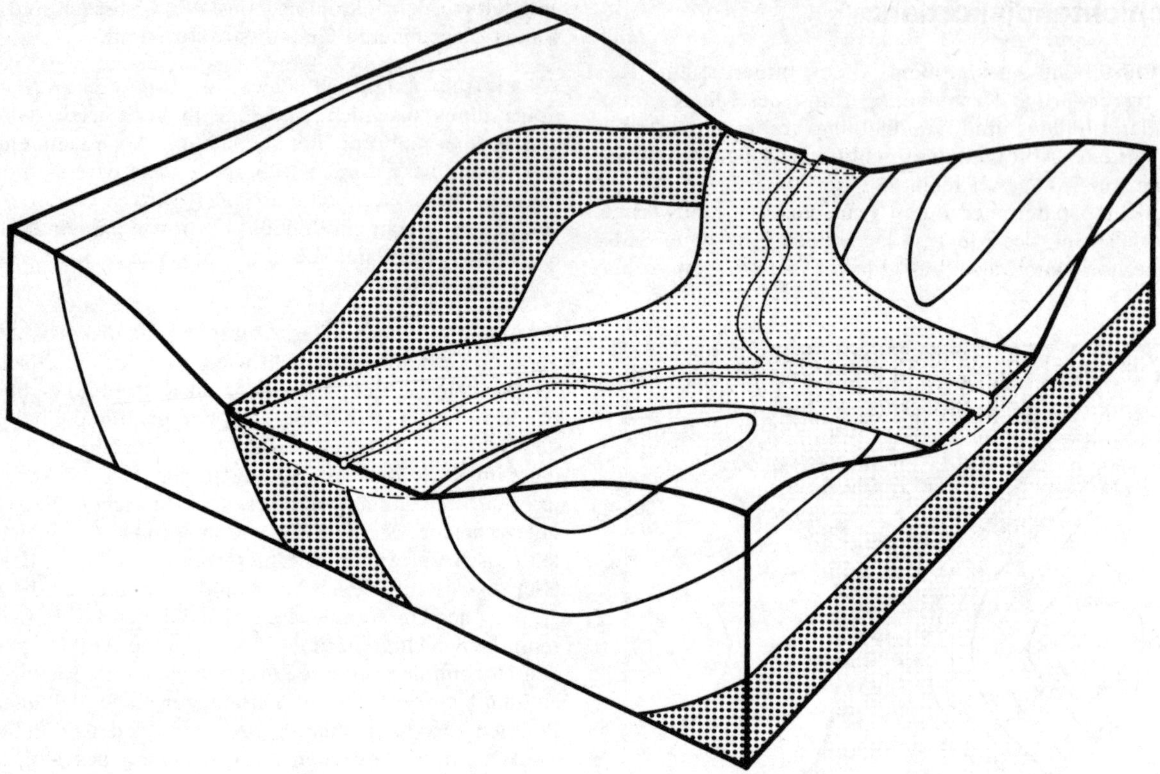

Abb. 49 Überlagerung gefalteter Schichten durch Flußaufschüttungen in den Tälern im Blockbild

zen unter der Bedeckung nach geometrischen Überlegungen interpolieren, da man voraussetzen kann, daß die Überlagerung nur geringmächtig ist und damit bei Verlängerung von Grenzen unter der Überdeckung nur geringe Fehler auftreten können.

7.2. Ergußgesteinskörper

Die ungestörte sedimentäre Abfolge kann durch vulkanische Eruptionen unterbrochen werden. Magma bahnt sich quer durch die Erdkruste in Schwächezonen einen Weg zur Erdoberfläche. Das in den Spalten oder Schloten erstarrte Magma und die in der Erdoberfläche ausgebreitete Magmadecke werden in diskordanter Lagerungsform zwischen und/oder auf dem Sedimentgestein angetroffen.

In der geologischen Karte treten magmatische Erscheinungen aufgrund der Farbgebung und Signaturen sowohl in der Legende als auch im Kartenbild besonders hervor, wie bereits in Kap. 2. dargelegt. Die Lagerungsform der vulkanischen Gesteine in bezug auf ihre Nebengesteine erlaubt, weitere Rückschlüsse auf Entstehungsort und -art der Vulkanite zu ziehen. Dabei ist das prävulkanische Relief von ausschlaggebender Bedeutung.

Zunächst ist zwischen drei möglichen geometrischen Grundformen der Vulkanite zu unterscheiden:

1. *Gänge.* Gänge sind mehr oder weniger langgestreckte Gebilde von z. T. nur wenigen Metern Breite, die quer durch andere Gesteine setzen.

2. *Schlote.* Schlote sind runde Zufuhrkanäle, in denen das magmatische Material aus der Tiefe emporgefördert wurde. In Abb. 50c ist solch ein Schlot geschnitten.

3. *Decken.* Decken entstehen durch ausgeworfenes bzw. ausgeflossenes Material. Sie überdecken ein bereits vorhandenes Relief, wie es z. B. in Abb. 50a zu erkennen ist.

Schlote und Gänge sind aus dem Kartenblatt im allgemeinen an ihrer geometrischen Form zu erkennen, Schlote an ihrer Kreisform und Gänge an ihrem schmalen, aber langgestreckten Ausbiß. Decken sind hingegen nur dann zu erkennen, wenn sie diskordant ältere Schichten überlagern, wie dies in Abb. 50 der Fall ist. Verfolgt man im Kartenblatt der Abb. 50b die Untergrenze des vulkanischen Materials, so stellt man fest, daß genau wie bei der Schichtendiskordanz die vulkanische „Schicht" über mehrere Schichten hinweggreift. In diesem Falle wird die Diskordanz jedoch nicht dadurch hervorgerufen, daß das jüngere Material über tektonisch verstelltes älteres Gestein abgelagert wurde. Vielmehr ist das Sedimentgestein (weiße und stark gerasterte Schichten) in seiner ursprünglichen flachen Lagerung geblieben. Durch Erosionen entstand ein Relief, das von den vulkanischen Gesteinen deckenartig überlagert wird. Ohne ein Relief würde das vulkanische Material konkordant auf der flachen Schichtenfolge von Abb. 50 liegen und bei weiterer Überlagerung durch Sedimente genau wie eine Sedimentschicht im Schichtenstapel erscheinen.

7.3. Plutone

Plutone sind meist unregelmäßige Körper magmatischen Gesteins recht unterschiedlicher Größe. Das Magma ist bei den Plutonen im Gegensatz zu den unter 7.2. beschriebenen Vulkanen nicht bis an die Erdoberfläche emporgedrungen, sondern in der Kruste steckengeblieben und erstarrt. Die Tiefengesteinskörper haben die verschiedensten Gestalten und erscheinen deshalb auch im Kartenbild in geometrisch nicht exakt faßbaren Umrissen meist diskordant zu den umgebenden Sedimenten. Die Begrenzung kann sowohl geradlinig als auch zerlappt sein. Eine Aussage über den Verlauf der Begrenzung in die Tiefe läßt sich unter geometrischen Überlegungen aus den Oberflächenumrissen eines Plutons nicht machen.

Durch den Vorgang der Intrusion des Magmas wird das Gestein, in das das Magma intrudiert, z. B. aufgeschmolzen und dem Magma einverleibt. In den Grenzbereichen zwischen Magma und Nebengestein wird letzteres in Stoffbestand und Gefüge verändert. Eine durch Kontaktmetamorphose veränderte Gesteinszone von etwa 0,5–1,5 km Breite umgibt den Pluton als Kontakthof (in Abb. 51 schraffiert eingezeichnet). Setzt man voraus, daß die Kontaktwirkung eines Magmas im gleichen Sedimentgestein gleich weit reicht, so läßt sich an einem Pluton mit unterschiedlich breiter Kontaktzone eine Aussage über den möglichen Verlauf seiner Grenze in die Tiefe machen. Hierfür können dieselben Überlegungen gelten wie bei vergenten Falten (vgl. Kap. 5.3.): Je breiter der Ausbiß, um so flacher fällt die Kontaktzone ein.

Sind in der geologischen Karte um plutonische Gesteine keine Kontakthöfe eingetragen, so lassen sich folgende Schlüsse ziehen:

1. Die Beschaffenheit des Nebengesteins ist der des intrudierten Materials so ähnlich, daß es zu keiner erkennbaren Veränderung kommt. Dies ist z. B. der Fall, wenn Granit in Gneis intrudiert.

2. Der Kontakthof wird durch eine jüngere Verwerfung vom Pluton getrennt. Dieser Fall ist im Kartenblatt durch eine Verwerfungslinie gekennzeichnet.

3. Die im Kartenbild erscheinenden plutonischen Gesteine sind älter als die sie überlagernden Sedimente. In diesem Fall wird das plutonische Gestein in der Regel immer unter der gleichen Sedimentschicht erscheinen. Der Pluton wird also „diskordant" von jüngeren Sedimenten überlagert.

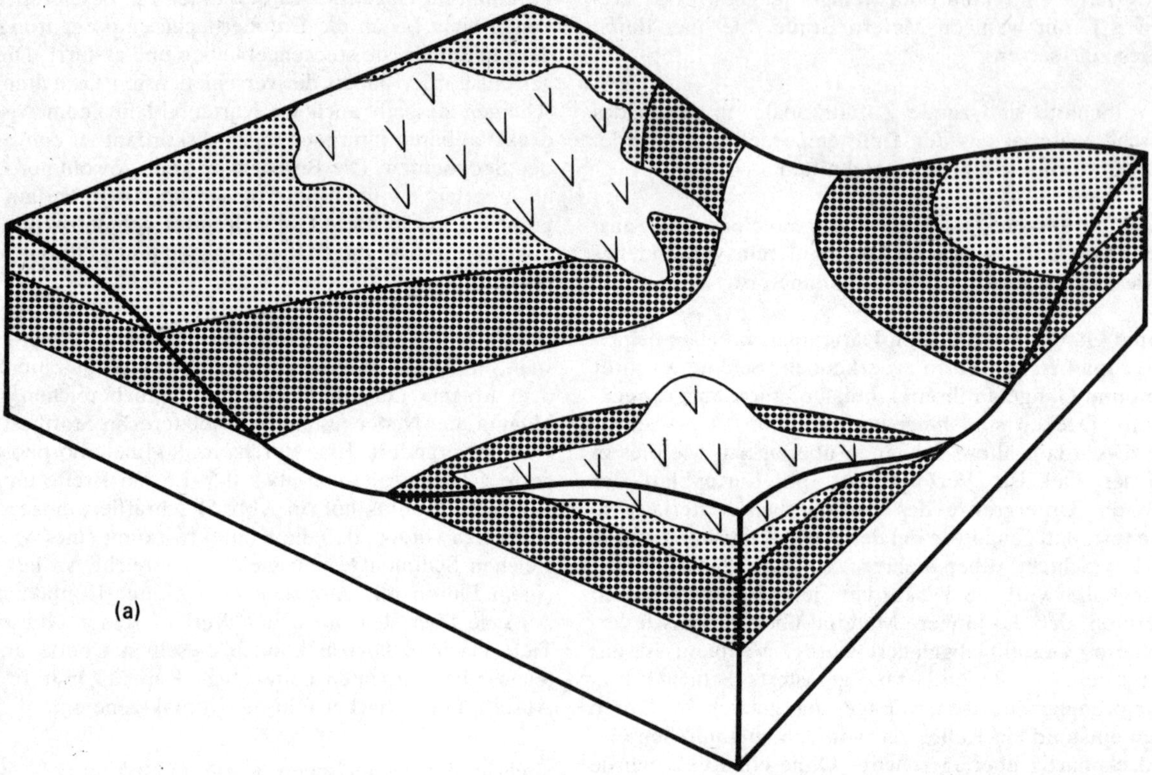

Abb. 50 Horizontal gelagerte Sedimente von vulkanischem Material (V-Signatur) diskordant überdeckt im Blockbild (a), in der Karte (b) und im Profil (c). Im Profil erscheint ein Schlot.

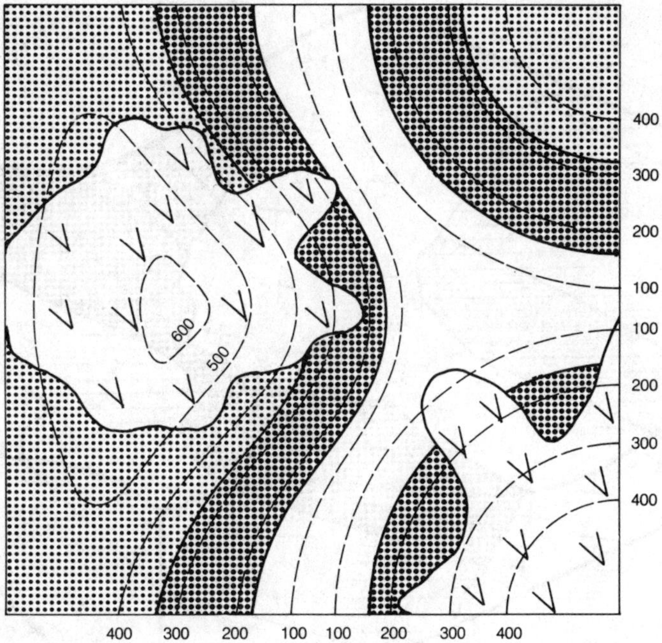
400
300
200
100
100
200
300
400
600
500
400
300
200
100
100
200
300
400

(b)

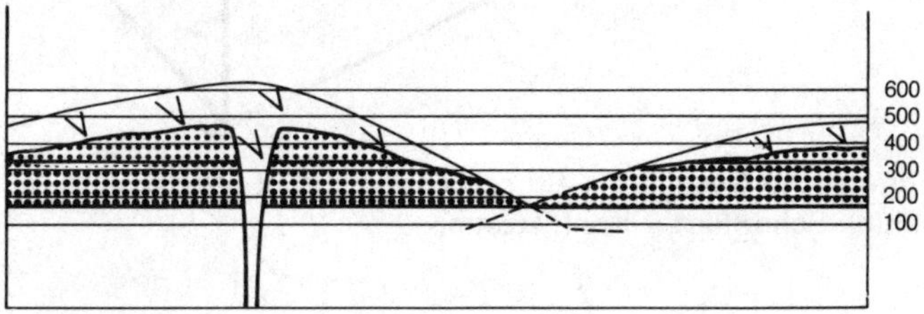
600
500
400
300
200
100

(c)

Abb. 50

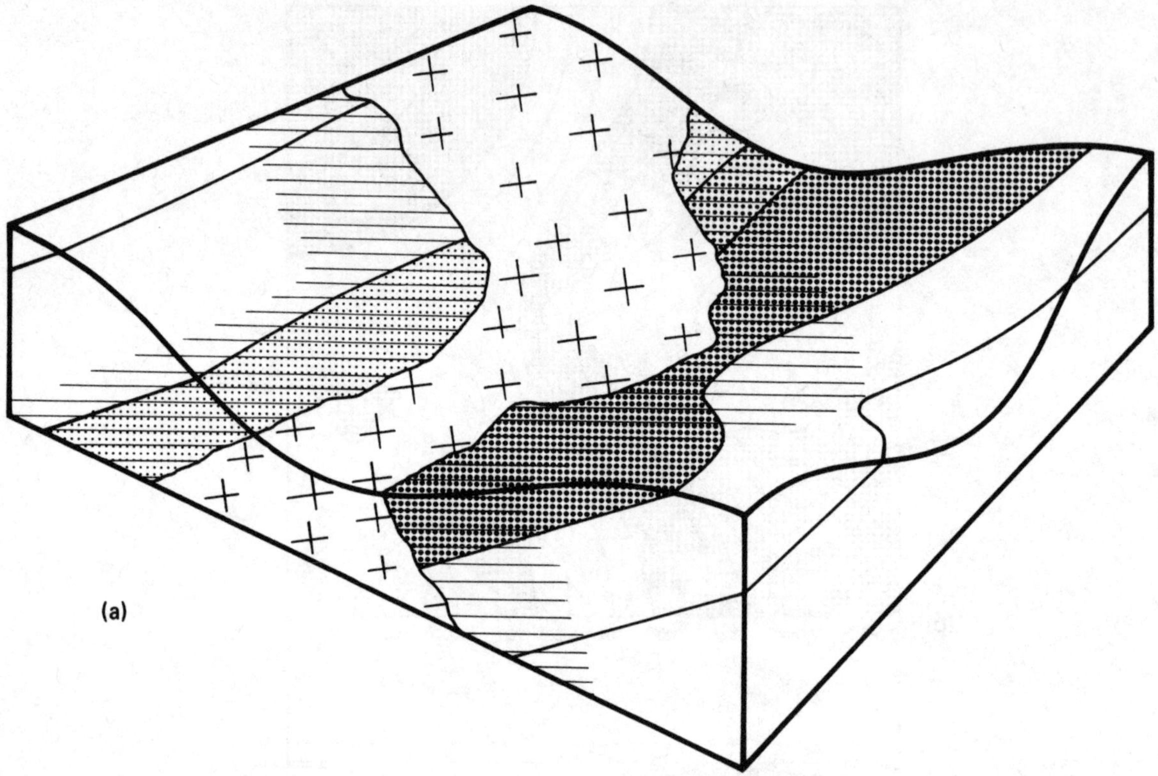

Abb. 51 Durch intrudierte magmatische Gesteine (+-Signatur) diskordant abgeschnittene Sedimentgesteine im Blockbild (a), in der Karte (b) und im Profil (c). Schraffiert = Kontaktzone.

Übungsaufgaben:

1. Aus Karte 5 des Anhangs sind folgende Fragen zu beantworten:
   a) Wo sind Schichten gefaltet, und wo lagern sie horizontal?
   b) Welche Faltenart liegt vor?
   c) Ist eine Vergenz erkennbar?
   d) Welche Schichten liegen diskordant?
   e) Welche Lagerung haben die magmatischen Gesteine, und in welcher Beziehung zum Nebengestein stehen sie?
2. Konstruieren Sie ein geologisches Profil entlang der Linie A–B.

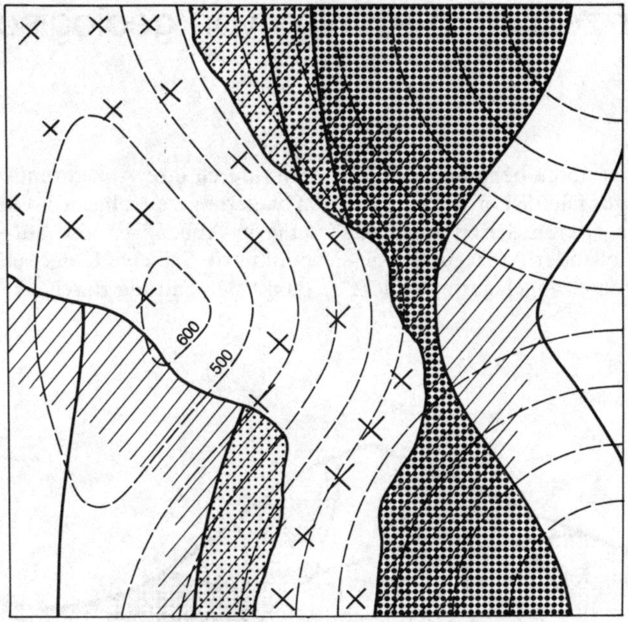

(b)
600
500
400
300
200
100
100
200
300
400
400
300
200
100
100
200
300
400

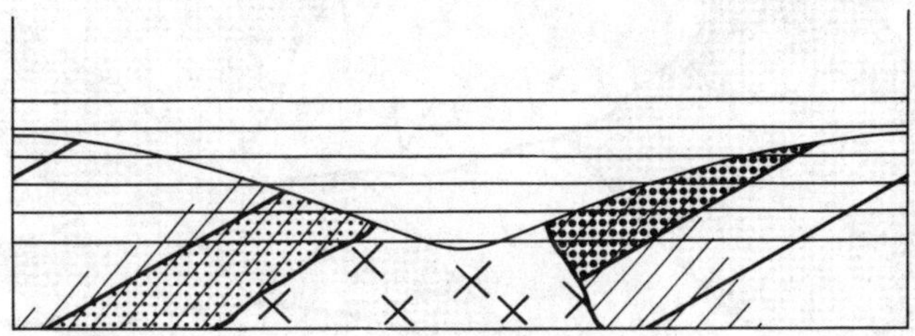

(c)
600
500
400
300
200
100

Abb. 51

8. Interpretation der zeitlichen Abfolge von geologischen Vorgängen

Diskordanzen gleich welcher Art markieren beginnende bzw. abgeschlossene geologische Vorgänge. Die diskordante Lagerung von Schichten über gefalteten älteren Serien zeigt an, daß ein Faltungsvorgang mit anschließender Abtragung abgeschlossen war. Die älteste diskordant abgelagerte Schicht zeigt durch ihre Ablagerung an, daß der Faltungsvorgang zur Ablagerungszeit abgeschlossen gewesen sein muß. Die Faltung in Abb. 52 ist also auf jeden Fall älter als die schwach punktierte Schicht. Umgekehrt ist der frühest mögliche Zeitpunkt der Faltung durch die im Muldenkern liegende weiße

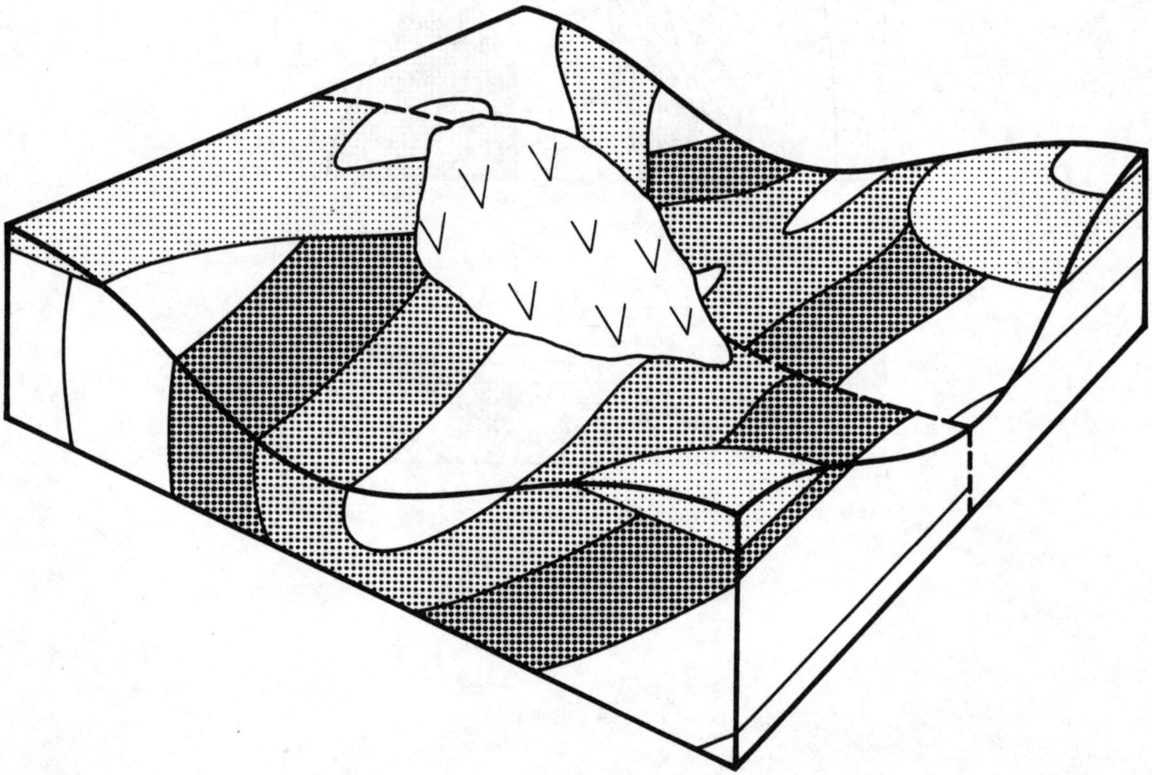

Abb. 52 Abfolge der geologischen Vorgänge am Beispiel einer Falte, einer Diskordanz, einer Verwerfung und einer vulkanischen Decke (V-Signatur).

Schicht gekennzeichnet. Sie ist noch mitgefaltet und muß also vor Beginn der Faltung abgelagert worden sein.

Nehmen wir an, daß die gefalteten Schichten in Abb. 52 dem Oberkarbon angehören und die horizontal darüberliegenden Schichten im Zechstein abgelagert wurden, dann steht in diesem Falle der Zeitraum zwischen oberem Karbon und Zechstein für den Faltungs- und Abtragungsvorgang zur Verfügung. Dieser Zeitraum entspricht dem Rotliegenden, das demzufolge mit Sedimenten nicht vertreten ist.

Störungen sind von ihrer Genese her immer jünger als die Schichten, die sie gegeneinander versetzen. Dies bedeutet, daß der tektonische Vorgang der Auf- bzw. Abschiebung in jedem Fall nach Ablagerung der jüngsten, in die Störung miteinbezogenen Schicht ablief. Aus Abb. 52 läßt sich z. B. herauslesen, daß sowohl die gefalteten als auch die diskordant darüber lagernden Schichten (punktiert und weiß) durch eine Störung versetzt worden sind. Unter der oben getroffenen Annahme, daß die flach lagernden Schichten Zechsteinalter haben, können wir für Abb. 52 aussagen, daß die Störung der Schichten jünger ist als Zechstein. Die genauere zeitliche Eingrenzung des Störungsvorganges läßt sich jedoch nur vornehmen, wenn die gestörten Schichten bzw. die Störungsflächen wiederum von jüngeren Schichten überlagert werden. Auch dies ist aus Abb. 52 herauszulesen.

Die gefalteten, die flach lagernden Schichten und die Störung werden von vulkanischem Material (V-Signatur) überlagert. Die vulkanischen Gesteine sind also in diesem Fall die jüngsten auf dem abgebildeten Kartenausschnitt vorhandenen Gesteine.

Damit ergibt sich die Reihenfolge der geologischen Entwicklung des in Abb. 52 dargestellten Gebietes wie folgt:

1. Ablagerung der dunkel gerasterten Schichten
2. Faltung dieser Schichten
3. Abtragung der gefalteten Schichten
4. Diskordante Ablagerung der mit der schwach gerasterten Schicht beginnenden Folge
5. Verwurf der Sedimentgesteine
6. Abtragung und Ausbildung des vorliegenden Reliefs
7. Vulkanische Tätigkeit mit Überlagerung des Reliefs durch eine vulkanische Decke.

Die relative Abfolge der geologischen Vorgänge kann demnach ohne eine einzige absolute Zeitangabe aus den Lagerungsverhältnissen ermittelt werden. Wird nun für einen der oben geschilderten Vorgänge das absolute Alter entweder durch Fossilien oder durch radioaktive Methoden bestimmt, so läßt sich das Alter der übrigen Vorgänge mit geologischen Überlegungen annähernd bestimmen.

Besondere Zeitmarken sind Diskordanzen. In Verbindung mit Schichtlücken deuten sie auf Gebirgsbildungen hin, die nach der erdgeschichtlichen Zeittafel (Abb. 6) bestimmten Zeiträumen zuzuordnen sind.

Übungsaufgabe:

Geben Sie für Karte 5 der Anlage den zeitlichen Ablauf der geologischen Vorgänge an!

9. Literaturhinweise

9.1. Ergänzende Werke

Brinkmann/Zeil: Abriß der Geologie, Bd. 1, Allgemeine Geologie, 13. Aufl., Enke, Stuttgart 1984

Imhof, E.: Gelände und Karte, Rowohlt, Reinbek 1963

Murawski, H.: Geologisches Wörterbuch, 6. Aufl., Enke, Stuttgart 1972

Pape, H.: Leitfaden zur Gesteinsbestimmung, 2. Aufl., Enke, Stuttgart 1972

Wunderlich, H. G.: Einführung in die Geologie, Bibliogr. Inst., Mannheim 1968

9.2. Weiterführende und vertiefende Werke zur geologischen Karte

Bender, F. (Hrsg.): Angewandte Geowissenschaften, Bd. 1, Enke, Stuttgart 1981

Gwinner, P.: Geometrische Grundlagen der Geologie, Schweizerbart, Stuttgart 1965

Vossmerbäumer, H.: Geologische Karten, Schweizerbart, Stuttgart 1983

Wagenbreth, O.: Geologisches Kartenlesen und Profilzeichnen, Teubner, Leipzig 1958

9.3. Geologische Spezialkarten

Die geologischen Spezialkarten (M 1:25000) der BRD werden von den unten aufgeführten Geologischen Landesämtern herausgegeben. Der Blattschnitt entspricht der topographischen Karte M 1:25000.

1. Geologisches Landesamt Schleswig-Holstein
   Mercatorstr. 7, 2300 Kiel
2. Geologisches Landesamt Hamburg
   Obertorstraße 88, 2000 Hamburg
3. Niedersächsisches Landesamt für Bodenforschung
   Stilleweg 2, 3000 Hannover 51
4. Geologisches Landesamt Nordrhein-Westfalen
   De-Greiff-Straße 195, 4150 Krefeld 1
5. Hessisches Landesamt für Bodenforschung
   Leberweg 9–11, 6200 Wiesbaden
6. Geologisches Landesamt Rheinland-Pfalz
   Emmeranstr. 36, 6500 Mainz
7. Geologisches Landesamt des Saarlandes
   Am Tummelplatz 7, 6600 Saarbrücken 1
8. Geologisches Landesamt Baden-Württemberg
   Albertstraße 5, 7800 Freiburg
9. Bayerisches Geologisches Landesamt
   Heßstraße 128, 8000 München 40

10. Anhang

10.1. Übungsaufgaben

Karten 1–5

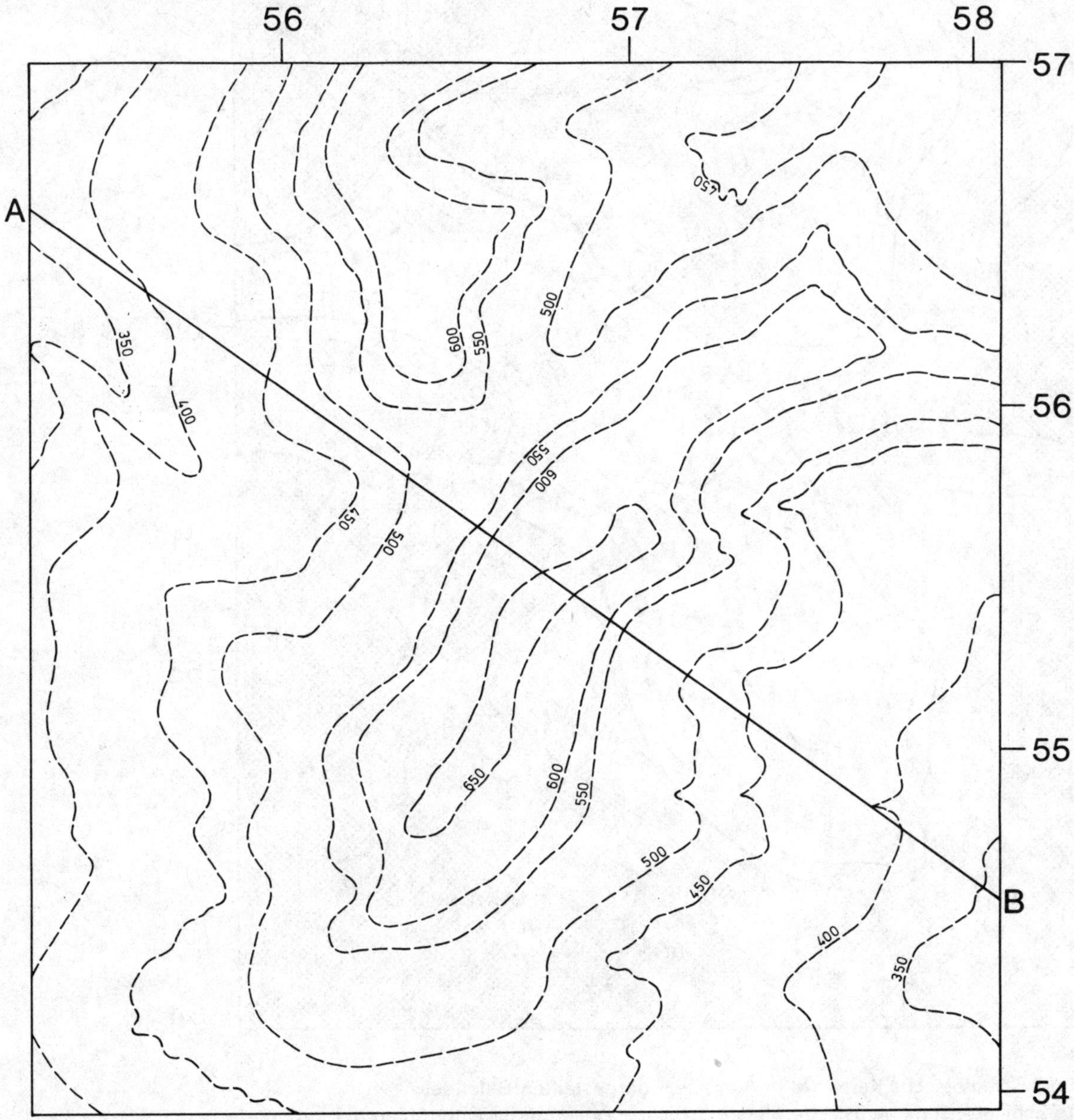

Übungsaufgabe 1 Höhenlinienkarte mit eingezeichneter Profillinie.
Abstand der Gitterlinien = 1 km.

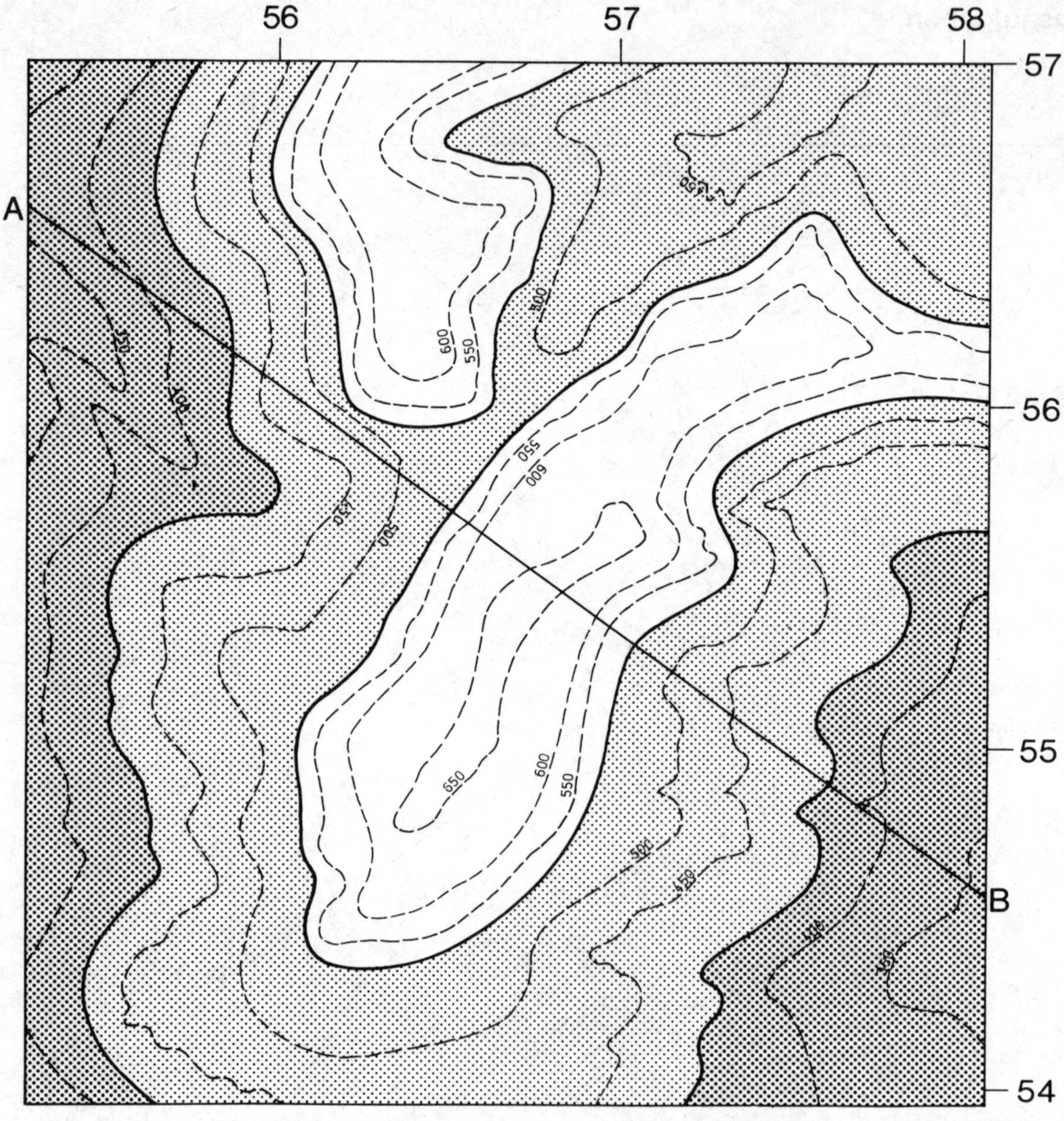

Übungsaufgabe 2 Geologische Karte des in Aufgabe 1 dargestellten Geländes.
Weiß = jüngste Schicht – stark gerastert = älteste Schicht – Abstand der Gitterlinien = 1 km.

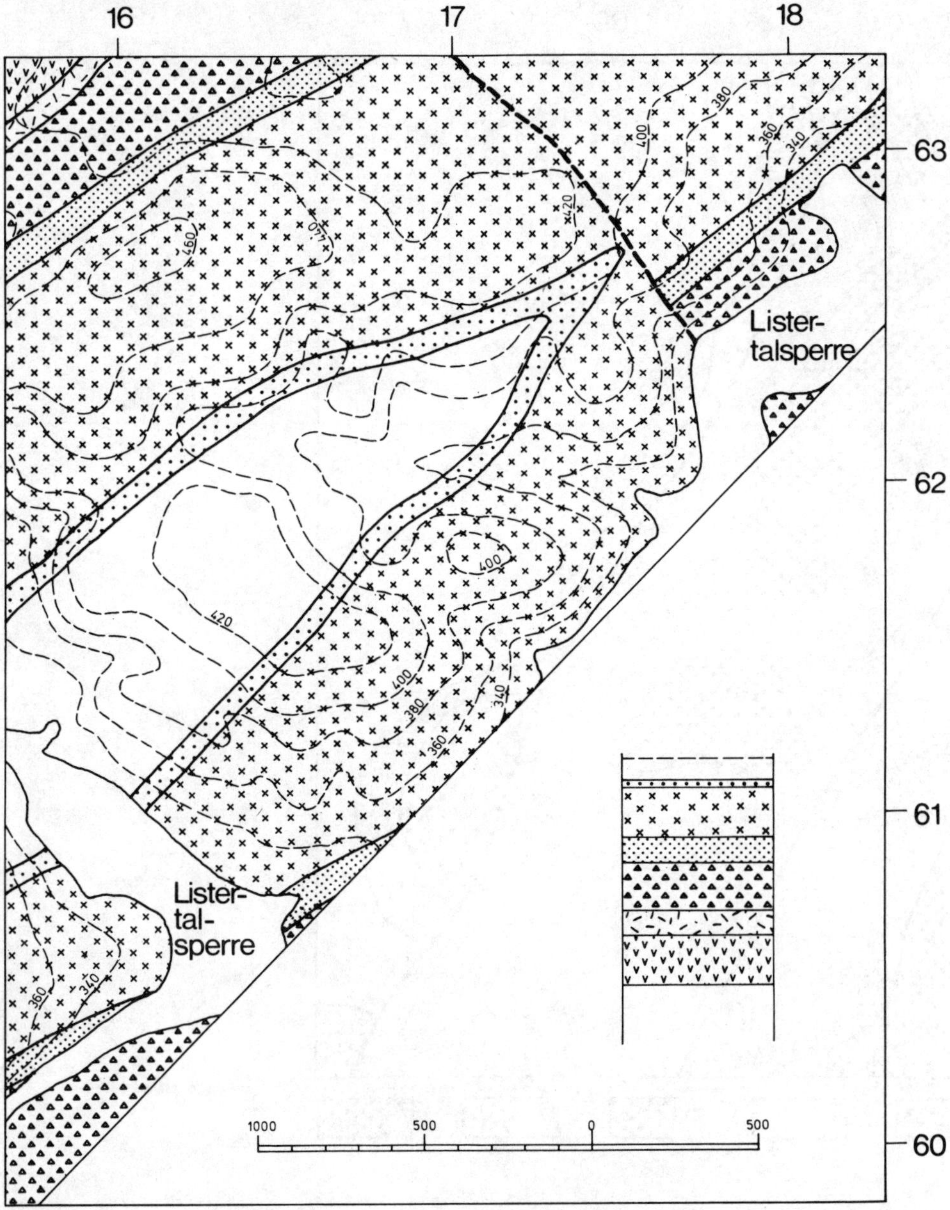

Übungsaufgabe 3 (Vereinfachte geologische Karte)
Das Mächtigkeitsprofil ist im gleichen Maßstab wie die Karte gezeichnet.
Die jüngste (oberste) Schicht und die Talsperre sind weiß.

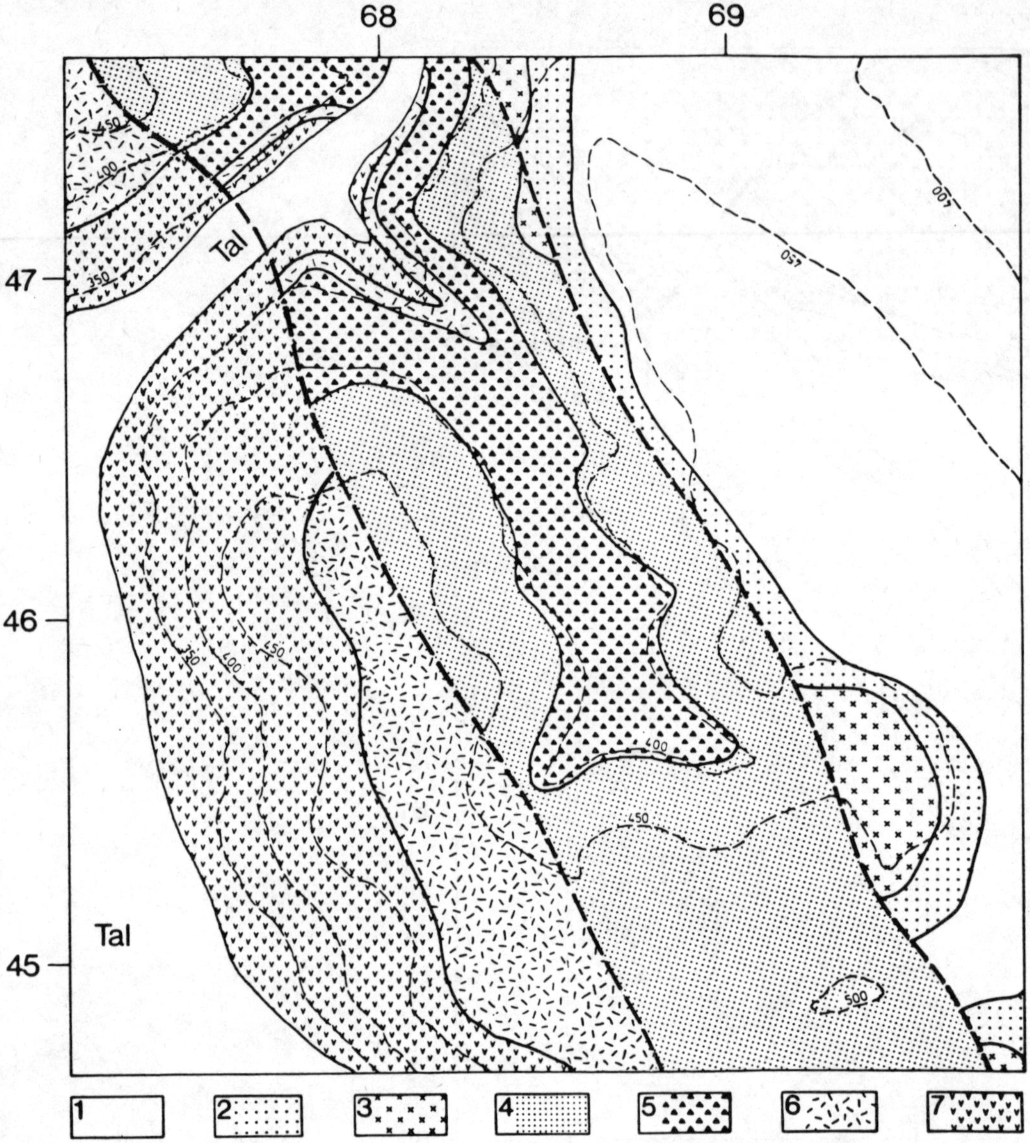

Übungsaufgabe 4 (Vereinfachte geologische Karte)
1 = jüngste Schicht und Talfüllung – 7 = älteste Schicht – Abstand der Gitterlinien = 1 km.

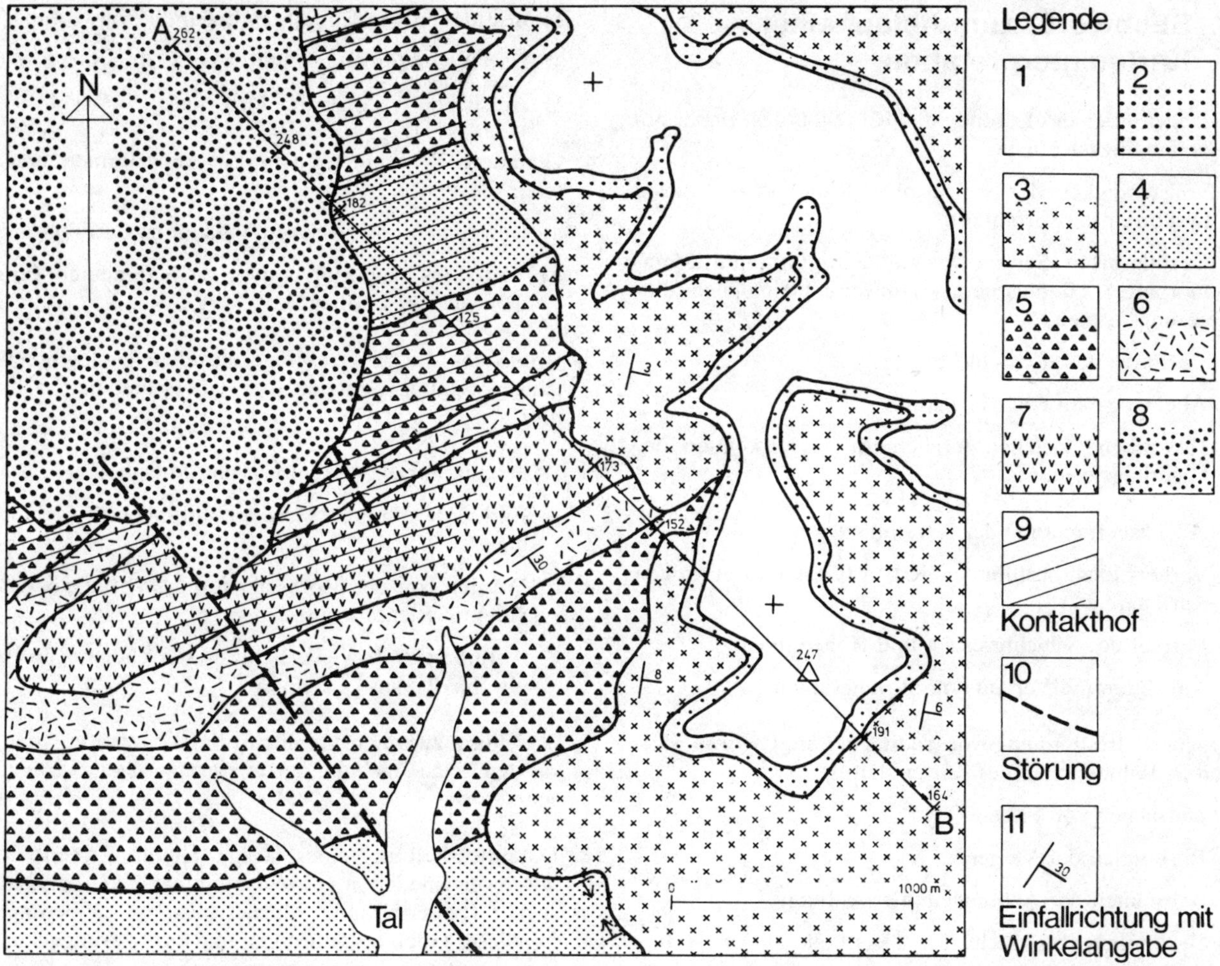

Übungsaufgabe 5 Entlang der Profillinie A–B sind Höhen angegeben, die die Konstruktion eines morphologischen Profils erlauben.

1 = Grünsandstein	2 = Konglomerat	3 = Mergel	4 = Siltstein	5 = Grauer Tonstein
6 = Vulkanit	7 = Sandstein	8 = Granit	9 = Kontakthof	10 = Störung

11 = Einfallrichtung und Einfallwinkel

Die Sedimentgesteine bilden eine Abfolge von 1 = jüngste Schicht bis 7 = älteste Schicht.

10.2. Stichworte zum Ablauf einer Karteninterpretation

1. Überblick über die Legende des Kartenblattes, dabei besonders berücksichtigen:
   a) Vollständigkeit der Schichtfolge (Schichtlücken lassen Diskordanzen vermuten).
   b) Gesteinsarten (Sedimente, Vulkanite, Plutonite, Metamorphite). Hieraus bereits Hinweise auf mögliche Lagerungsformen.
   c) Mächtigkeiten der Schichten.
   d) Altersangaben von Magmatiten.
   e) Tektonische Zeichen (erleichtern das Erkennen der Lagerungsformen).

2. Überblicksbetrachtung des Kartenblattes.
   a) Vorherrschen bestimmter Farben (Gesteine) in großen Kartenarealen.
   b) Verlauf der Schichtgrenzen und Höhenlinien.
   c) Auftreten und Verlauf von Störungslinien.

3. Genauere Bestimmung von sedimentären Lagerungsformen in Teilbereichen des Kartenblattes.
   a) Aufsuchen von Falten.
   b) Bestimmen der Vergenz.
   c) Bestimmen der Achsenneigungsrichtung.
   d) Bestimmen von Hoch- und Tiefscholle an Verwerfungen.
   e) Bestimmen von Einfallrichtungen an Verwerfungen.
   f) Durch Kombination 4 und 5 Verwerfungsart ermitteln.
   g) Aufsuchen diskordanter Lagerung.

4. Genauere Bestimmung von Lagerungsformen magmatischer Gesteine.
   a) Unterscheidung zwischen Vulkaniten und Plutoniten.
   b) Verhältnis von Magmatiten zu Sedimenten (konkordant oder diskordant?).

5. Ermittlung der Altersabfolge einzelner geologischer Vorgänge (Faltung, Verwerfung, Überschiebung, Vulkanismus).

6. Beziehung zwischen Geologie und Morphologie.
   a) Bilden bestimmte Gesteine auffallende Geländeformen?
   b) Werden von der Morphologie (Täler, Bergrücken) bestimmte Richtungen bevorzugt?
   c) Abflußdichte bzw. Versickerungserscheinungen bei unterschiedlichen Gesteinen.

7. Beziehung zwischen Geologie und Vegetation, soweit sie aus der Zeichengebung der topographischen Karte zu entnehmen ist.

8. Detailbearbeitung eines ausgewählten Kartenbereiches unter verschiedenen Gesichtspunkten, z. B. Lagerstättensuche, Trassenführung, Talsperrenanlage (unbedingt Profile dieses Gebietes anfertigen und Erläuterungen zur geologischen Spezialkarte hinzuziehen).

11. Sachregister